媒體裂變

從駐地記者到博士總監

許志明 著

自序

二〇一八年一月，當我跑完所有離校手續，終於拿到傳播博士學位證書時，心裡是十分激動的！但當時我並沒有大哭一場，只是中午在學校附近請自己吃好一點，然後下午回到電視台繼續上班！這個博士學位，其實是給自己的一個珍貴禮物，對於我的工作現況，並不會有任何改變！

身處在媒體裂變的年代，從平面媒體到電子媒體，從無線電視台到有線電視台，我的工作歷程，也見證了台灣媒體發展、變動與轉型最爲劇烈的一段時期。

我慢慢的回顧，自一九九〇年退伍那天開始，一直到二〇一八年博士班畢業，這二十八年的時間，我歷經過什麼事？這些事對我有什麼意義？我到底在追求什麼？未來我要何去何從？

於是，我開始在自己的臉書，一篇一篇的寫出，我所記得早年在新聞採訪線上的往事或趣事。當時並沒有要出版的打算，只是朋友們覺得有趣，所以我就憑著記憶陸續的寫。後來，我找到一些過去在平面媒體任職記者時所寫的新聞，發現「記憶」和「事實」之間，已經開始出現一些落差。更有甚者，我一直記得有位女記者，曾經和我在東森共事過，但公司同事卻沒有人記得她，後來才知道，她是我在三立時期的同事！所以，人的記憶會隨著歲月的增加而慢慢有些錯置，之後，這些往事對我而言，可能會愈來愈模糊。那麼，我何不趁著此時，記憶力還算可以的時候，一一把它寫下來！除了記錄這一段媒體大環境的變化過程之外，也將自己的工作經驗和心得作一次完整的保存。

趁著寫這本回憶錄之時，我也反思自己的人生！我不是什麼名人或名嘴，事業也沒有多成功，說穿了，我只是一名長期在電視台工作的上班族！但不管在工作上，或者在學業上，我都努力以赴，並且認眞把它做到最好，有些人生經驗，或許可以傳承給學弟妹或初入新聞職場的工作者一些參考。

在這段不算短的人生歷程中，有很多師長和長官幫助過我，尤其國中時期的莊員生老師和張秀蓮老師、碩士班時期的胡光夏老師和彭懷恩老師、博士班時期的翁秀琪老師和學程主任秦琍琍老師，當然還有共事超過十五年的東森財經台台長李惠惠，同時，也感謝許多和我共同成長的朋友和同事。思考許久，本書未請師長或友人撰寫推薦序，甚爲抱歉！因爲，既然是記錄自己的前半生，就無需推薦，人生，必須自己對自己負責！

許志明

於二〇一八年八月

目錄

Contents

目錄

Contents

第一篇 一九九〇年至一九九九年

1 一九九〇初登場

一九九〇年七月，我在中壢龍岡當通信兵，在距離退伍日「破百」之後，我趁著休假機會，到高雄參加《臺灣時報》的駐地記者甄試。那天，由報社董事長王玉發親自面試，王董事長用台語問了面試者一些問題，雖然沒有要求應試者全程使用台語回答他的問題，但我想，許多不會講台語或說得「不輪轉」的應試者，可能當場就被刷掉了！我是南部人，從小在台語家庭長大，自然是對答如流。面試的結果，我被錄取了，報社也願意等我二個多月，一直到當年十月我退伍後，才正式派任。那時部隊的政戰處長對我非常器重，而他也知道我準備到民間的報社上班，處長幾次希望我簽下志願役，留在部隊服務。但進入新聞界，是我從小的夢想，於是我只能再三跟處長抱歉，我沒有繼續當軍人的意願。

一九九〇年十月一日，退伍的當天，我就到中壢街上，花九千元買了一部有點年紀的中古機車，然後一路騎到我的駐地：新竹縣竹東鎮報到。結果，一騎到竹東，摩托車就掛了，需要再花好幾千元搪缸，這時才知道江湖人心險惡，遇到黑店了！初到竹東，我人生地不熟，幸好，竹東是個非常有人情味的地方，再加上有畢業於世界新專的學長姐照顧，所以很快跟新聞同業相處融洽。不過，對我最大的困擾：這裡是客家區，不太講國語，連鄉鎮公所開會也都是講客家話比較多。我經常聽不懂一些重要會議的結論，以及與會者在吵什麼，所以只能多拍點照片，沖洗出來送給報社同業，然後借他們的稿子來抄。當時一個同業大哥看到我的機車很兩光，三天二頭壞掉，於是開了一台3000CC的福特大汽車來借我。我說我沒開過車，而且也沒駕照吔！他說，我教你，二分鐘你就會開車了：「引擎發動、打擋、油門踩下去、方向盤轉動，車子就會乖乖聽你的話！」大哥說完人就走了，留下我和這一輛中古大汽車發呆。我想，開車應該很簡單吧！於是就照著大哥說的，把車子給開上街了。然後一路上驚心動魄，到處小擦撞，甚至在大馬路上熄火。現在想想，還真是可怕！不但無照駕駛，而且還有可能出車禍、撞到人，簡直是拿命開玩笑，但當時一股初生之犢的勇氣，好像不知道害怕！

鎮上有一家唯一的戲院，同業告訴我，這家戲院老闆和媒體界友好，所以看電影時，只要拿名片或記者證出來，證明是記者就不用買票入場。我半信半疑的試了一次，還真的行得通！但這實在太尷尬了，進場過程中覺得自己全身都不對勁，好像作賊心虛一樣，後來我就沒有再去用過這種記者的「特權」。

當時，大多數的記者是在鎮公所的「記者室」中寫稿。有一天，來了一位穿襯衫的年輕小夥子主動來找我說話，言談時，看起來好像是情治單位來蒐集情報的人。後來才知道他們是「憲調組」（憲兵調查組），主要的工作是蒐集民間陳抗和街頭遊行的資訊。他們和記者熟識之後，就可以從記者口中或剛寫好的新聞稿中，提早得知隔天的遊行和抗議訊息，並且向他們的長官回報，所以偶而他們也會來送禮物表示友好。我不知道其他記者如何應付這些情治單位的人！由於我剛退伍，沒有什麼社會經驗，而且台灣剛解嚴三年，民間對於「調查單位」仍有點敬畏，所以我是抱著不得罪的心態。有時「憲調組」人員問及隔天有什麼陳抗活動，我都會告知，反正這又不是什麼祕密，他們也不能像過去一樣，動不動就抓人拷打，頂多只是一種輿情蒐集活動而已。

在鎮上二個月，跑的大多是地方上的小新聞，於是我就利用一次星期天到台北找朋友渡個假。結果沒想到，就剛好那一天，竹東出現一則蠻重要的新聞，《聯合報》獨家刊登在頭版上。漏了大新聞，我被報社地方中心主任責備了一整天，幸好是《聯合報》獨家，其他家報社也都漏了，所以我才沒有被懲處。但自那次經驗後，我就知道駐地記者「聯合陣線」的重要性，因為我不可能都不離開駐地，只有靠彼此的互助合作，才有可能減少假日漏掉大新聞的機會。

在竹東鎮只跑了差不多二個多月的新聞，我就被調到桃園縣，主跑警政和司法線新聞。桃園是大工業城市，幾乎每天都有跑不完的社會新聞和突發新聞，和竹東鎮的寧靜且富有人情味，感覺完全不同！調到桃園後，我覺得更為興奮，因為這是我開始大展身手的一個好機會！

2 陪警察睡覺的日子

一九九〇年年底，我開始負責《臺灣時報》桃園地區的警政和司法線新聞。當時只有《中時》和《聯合》二大報有自己的新聞中心，其他的平面媒體記者都在記者公會寫稿，也有人是在自己家裡發稿。我們報社是南部大報，在北部訂戶比較少，桃園則有個訂報營運中心，裡頭有個辦公室主任兼特派員。雖然在記者公會，有許多好心的世新學長會把一些當天採訪到的新聞借我「參考」，但我總覺得沒有自己人脈，這樣下去也不是辦法，於是我問學長，要怎麼跑好警政新聞？學長說，只有一個方法，那就是：去睡派出所！

桃園警分局一樓由武陵派出所駐守，每天晚上，派出所都有一個員警輪值勤務中心接電話的工作。我守住這裡，就等於站在全桃園市突發新聞的交通要衝，絕對不會遺漏任何重要的事件！於是，我開始在深夜到武陵派出所陪警察值勤。最先認識的是A警察，他長得有點像泰迪熊般的可愛喜感，是個「中鳥」，就是不像菜鳥般稚嫩，又不像老鳥一樣油滑。這位「中鳥」他知道警界所有遊戲規則和人情事故，有點自信，但又有點不屑體制！漫漫長夜，A警察很高興有人陪他值勤。凌晨一點結束派出所值班台工作後，A警察有時會再輪值二小時的巡邏班，他就開警車載著我到處去巡邏。凌晨三點，他終於可以下班，我也快累趴了！但他似乎沒什麼睡意，說要帶我去個好玩的地方，原來是一間開到天亮的酒吧。然後，二人開始Men's talk！我就喝著啤酒，一邊打瞌睡，一邊聽一個寂寞男人如何說他暗戀一個女人的故事。一直到天微微亮了，他才載我回派出所，擠在那充滿「男人味」的寢室內睡覺。有時睡到半夜，會有值勤員警拉我的腳說：「換你啦！」有時候我半夢半醒間，會以為自己還在當兵，趕快跳下床要接哨，才發現自己身在派出所，原來是要換班的員警叫錯人了！後來又認識B警察，他平頭大臉，身材雄壯，一看就是天生要當警察的樣子，但他沉默寡言，我跟他比較沒有話聊，於是我就看自己的書，累了就一樣去他們的寢室睡覺。

由於經常在分局出入，很快的，這裡的員警和偵查員大多認識我了！有時看到偵查員半夜在偵訊嫌犯，翻翻他們桌上剛寫好的筆錄，抄些「重點」，他們也不會在意！熟門熟路之後，我就比較偷懶，沒有經常去「陪睡」。A警察值勤時，有時會刻意用B.B.Call叫我起床！呼叫器顯示派出所電話號碼，後面再加個一一九，我就知道是他找我去陪值班了！有一次半夜接到「call機」響了，我有點心不甘情不願的起床，想說A警察又值班無聊了！但騎著我的鐵馬到了派出所之後，才發現氣氛不對。分局燈火通明，警車、消防車呼嘯而過，原來一處私娼寮失火，燒死七個人！我趕過去後，拍到了大火吞噬一整排房屋、消防人員救人和遺體蓋著白布的獨家現場畫面，心想，陪睡這麼久，總算有代價了！隔天，我把一些火警照片回饋給當初有幫過我的新聞同業，辛苦了一整晚，拍得最好的照片，當然是留給自己！

每當採訪到獨家大新聞時，我的腎上線素就會開始飆升！報社問說：「現在下午四點，到晚上八點前，社會版由你負責填滿，能不能做得到？」我說：「我盡最大的努力！」其實，我不知道自己能不能做得到，但我總會逞強，先答應再說！還好，我總是能在時間限制內，如數把稿子和照片傳送到台北編政組。由於那時都是手寫稿，還沒有電腦打字，所以一字一字的趕出了六千字新聞稿後，晚上吃飯時，經常手抖到無法夾起滷蛋，然後自己也搖頭苦笑！有時候在發完大新聞後，晚上會興奮到睡不著，就乾脆起床等早報送來，看到自己的名字和寫的新聞稿，果真填滿了整個社會版後，才心滿意足的上床補眠。那時，既沒有一例一休，也沒有所謂的補休或加班費，所以不論記者花了多少時間跑新聞，都是自己心甘情願做的事，也很少會有人抱怨，每天花這麼長的時間在工作上。我們大多認為，當記者是「犧牲享受、享受犧牲」的事，尤其小報社的小記者，付出的時間、精力，和所獲得的酬勞回報，根本是不成比例的。但是，新聞戰的刺激和魅力，不會讓你有太多時間思考薪資和福利問題！

就在警政新聞布線漸入佳境之時，有一天下午，聽說有個百貨公司櫃姐被勒死在套房內。我一到現場才知道，檢察官都還沒有來驗屍，櫃姐呈大字型仰躺在床上，脖子有一條白色電線，看起來似乎是被勒死的。但奇怪的是，櫃姐穿戴整齊，皮包勾在手上，腳上還穿著高跟鞋，像是準備要出門上班時，突如其來的遭到攻擊。通常凶殺案不外乎「情、財、仇」，櫃姐似乎沒有遭到強暴跡象，而套房內好像也沒有被搜刮過的痕跡，莫非是熟人所為？我拍了幾張照片後，準備離去，想說先去跑其他新聞，晚點再到刑事組看筆錄。這時A警察守在案發大樓的門口，他面色凝重的說：「你先回派出所去看看B警察！」我說：「為什麼要去看B警察？」他說：「趁檢察官過去前，你或許還能問問B警察，他跟樓上的死者是什麼關係？」「啥？什麼！你說……B警察……有嫌疑……是他勒死櫃姐？……情婦？？？」我一時之間，簡直是嚇傻了！A警察不耐煩的說：「我不知道啦！你自己去問他！」

我半信半疑的回到派出所，已看到B警察呆若木雞的坐在他位子上，派出所主管一臉鐵青。我坐到B警察身邊，鼓起很大勇氣問他：「你……是你幹的嗎？」B警察回過神來，慢慢轉頭看著我，他的臉色幾乎是一秒鐘轉為死白，他緊咬著下唇，全身微微顫抖，一句話也沒回答我。B警察做完筆錄後，被移送到刑事組繼續偵訊，我從筆錄中抄出B警察為自己辯護的一些說法。他說，和死者相戀八年，但最後卻因家人反對而被迫拆散，後來他和別人結婚了，但跟死者仍維持「友好關係」。案發前一天，櫃姐同事發現她一整天都沒來上班，因此打電話到派出所給B警察，要她去看看櫃姐，B警察敲門無人回應，一破門而入就發現前女友已被人勒死在床上。但因櫃姐沒有被強暴跡象，財物似乎也沒有損失，警方偵辦方向朝向「熟人所為」。也就是，分局刑事組懷疑，B警察是否因婚後仍和櫃姐藕斷絲連，當B警察提議分手後，櫃姐揚言報復，而失手殺了她？當天傍晚，我花很多時間，試著整理自己澎湃的情緒，才把新聞稿寫完。這事情過後，我就再也沒有接到A警察半夜call我去睡派出所了！我能理解，這件事可能對A警察心理的衝擊層面太大，但這則新聞我又不能不寫，所以，我們的關係產生了微妙的變化。如果是這樣，我也不能怪他！至於B警察是否殺害女友？從現存資料並未發現B警察有被判刑的紀錄。

一個平面記者對於採訪轄區的新聞布線，本來就不可能靠單一內線所能完備，所以，勤走自己負責的單位，且不抱著每次都有收獲的心態，是報紙記者的基礎心理建設。經常，我會在晚上睡覺前，打遍轄區內分局勤務指揮中心和重要派出所的電話，確認今晚是「平安夜」之後，我才能安心睡覺。但有時會偷懶，沒有一一打電話確認，等到一覺醒來，才知道半夜又發生大事，而我卻因安心睡覺而漏掉了大新聞！所以，有些同業會抱著無線電，聽著警頻內值勤的警察對話聲音入睡，一旦有大事發生，警頻對話會立刻變得吵雜起來，記者也會因此被驚醒，然後趕往事發第一現場。所以，報紙警政線的採訪記者，是十分辛苦，而且必須付出很大代價的一群人；但也因為有機會接觸到第一線警方人員，所以通常都會和基層員警成為好朋友，一旦發生警紀問題不得不報導時，警政記者就會陷入「職責」和「交情」無法兼顧的內心煎熬！

3 誘惑和危機之城

我初到報社跑桃園的社會和司法新聞時，正是郝柏村「治安內閣」雷厲風行掃黑之時，那時第一批「十大槍擊要犯」，像林來福、黃鴻寓、藍元昌等人已經被捕或斃命。警方後來又弄個「新十大槍擊要犯」，列名的有陳新發、詹龍欄、王邦駒等人。在道上混的，如果沒有被列入「十大槍擊要犯」就表示不夠大尾，沒資格擠進前十大，所以有些要犯反以自己被列入「十大」或「新十大」為榮！有一天，桃園分局逮到一名十分壯碩的道上兄弟，外表看起來還蠻老實的，沒有一般道上兄弟的殺氣騰騰。辦案的偵察員告訴我說，他叫「老牛」，是「黑牛」黃鴻寓的第一號保鑣，不過他沒有「黑牛」那麼凶狠。這位「兄弟」低調的模樣，反讓我印象深刻！連續二批「十大槍擊要犯」如同黑幫的「星光大道」，警方發現這樣的排行榜，成了黑道明星製造機，於是之後就不再公布「十大槍擊要犯」！

不過，「治安內閣」掃黑有成，但警界、司法界與非法業者掛勾，積弊已深，非一日可除。深夜，坐上A警員的警車跟著去巡邏，當車子經過市區時，他指著窗外有著七彩霓虹燈的一家超大型電玩店說：「這家店，我們碰都不敢碰！你知道背後誰在撐腰嗎？我只是個小警員，你是個小記者，這些人我們惹不起的！惹了，我們可能都會沒命！」我才知道說，電玩業大多是「上頭有人罩著！」有一天晚上交完稿後，轄區某個派出所所長邀跑線的報紙記者喝茶。到了深夜十一點，應該也差不多要散場了，正準備離開時，所長神祕的在我耳邊小聲的說：「還有下一攤！ｘｘ路有一間泰國浴，我都打點好了，你們去不用付錢，這間我有點股份！」我心想，靠！這所長也真大膽，我跟他不是很熟，而且我還是個記者，難道就不怕我去爆料？不過，我謹記A警察說的話：「對這個城市你還不夠了解，你也不知道背後是誰在撐腰，所以要謹慎！」這種一聽就知道是有問題的泰國浴，我實在不敢去，於是我和部分記者就騎車拐個彎，直接落跑回家，但也見識到地方上警界的特殊生態！

不久，分局的一名偵查員被議員控告帶槍恐嚇建商，原來是他家隔壁在大興土木，這名偵查員一回家發現牆壁裂開來，於是怒氣沖沖去找建商理論，忘了把外套內腰間佩槍拿下來。對警方來說，此事可大可小，偵查員本來就可以帶槍回家，但一名女議員有心把這件事搞大，就在議會質詢這件事！我們地方特派員是跑府會的，於是他就完全照著議員的說法寫，沒有給偵查員辯解的空間。我是跑警政線的，於是我也寫一篇稿，質疑議員的說法，並且比較站在偵查員的角度說話。結果同一則新聞有二篇立場不同的稿子送到台北，長官不解的說：「你們二個到底是在搞什麼？」當天報社當然還是先用特派員寫的稿，隔天我不服氣，又發了一篇「議員栽贓、警界反彈」的新聞為偵查員平反，不惜槓上特派員！

一星期後，刑警隊副隊長找我，說那位提出質詢的女議員告我毀謗，已經做好筆錄，現在我是被告身分，也要做筆錄！副隊長態度曖昧，他並沒有感謝我為警方出一口氣，似乎是很怕女議員。後來告我的這名議員託人邀我喝茶談和，我拒絕出席。不久檢察官以「可受公評之事」為由，連傳我去問都沒有，就予我不起訴處分。這一次的事件告訴我二件事：第一，地方勢力盤根錯節，而且根深蒂固，我要更小心行事。第二，這家報社可能不能待了！不過，物必自腐而蟲生，不久後爆出刑警隊二線三星隊長涉及擄人勒贖，且專案小組也向被害人家屬索討辦案費的重大風紀案，警政署決心大整頓，違法亂紀的員警人人自危，也該是掃蕩害蟲的時機到了！後來又接連爆出桃園地檢署檢察官貪瀆被收押的新聞。這些出事的人，難道只是因為「不夠小心」才被抓？還是他們僅是暗黑勢力的冰山一角？

隔年的年初，剛好《中時晚報》有出缺，經過同業推薦，我就順利的進到了時報系，不到半年調到《中晚》的南部中心，離開了這個充滿誘惑和危機的城市！

綁架案涉及員警越查越多

提供警用手銬及私吞四十萬「破案獎金」更有拿錢不辦案者

（記者許志明桃園報導）去年承辦溫良謙被擄人勒贖案的當時桃園分局刑事組人員，傳出私吞被害人家屬所提供的四十萬元「破案獎金」，使得又有二名徐姓警官、偵查員涉入該案。但昨日溫良謙家屬在接受媒體採訪時否認這種說法，僅承認當時曾許諾專案小組，案子若能順利偵破，將提供一百萬元給警方作為「謝禮」。

由於擄人勒贖案及高層警官涉入，帶給溫良謙身心極大的創傷，因此該案爆發後，……不見面。

據了解，涉案程度極高的該名刑警，現已調至桃園縣警局保安隊，職階為一線三星，過去，在大園警分局轄區，曾夥同高階層官大「搞」賭博電玩，為地方人士所不滿。

社會新聞　第五版

拿了四十萬　退回卅萬　十萬下落不明

檢方證實双警涉嫌吞下辦案費

（記者許志明桃園報導）桃園地檢署檢察官邢泰釗，昨天就前桃園分局刑事組長徐椽台、偵查員徐士傑是否向溫家拿錢部分，進行深入查訪。溫良謙家屬雖對外否認給刑事組「辦案費」，但檢察長蕭順水已證實徐椽台、徐士傑當時涉嫌向溫家拿了四十萬元，後來退回三十萬，剩下十萬元「去向不明」。

另外檢方表示，呂英傑在偵訊中供稱，陳範成在計畫綁票前對他說，事成之後，會給他五百萬元酬謝。後來溫家付了一千二百萬元贖金，六百萬元付給參與的黑道人物，四百萬分給陳範成，他自己只拿二百萬。溫良謙被釋回後，他向陳範成索討事前約定的五百萬元酬金，陳竟對他說：「以後再說吧！」由於陳範成的「黑吃黑」，伏下該案爆發的主導線。

另外蕭檢察長表示，陳範成的太太江雪玉是全案的關鍵人物，目前已列為重要關係人傳訊。

邢泰釗檢察官奉檢察長指示，昨天先對二線一星的偵查員徐士傑，是否向被害人家屬索討四十萬元「辦案費」部份進行訊問。檢察官在下午押著……中搜索，並核對二家的帳冊及金融存款，以……傳訊本案被害人溫良謙及其家屬，以與徐椽台、徐士傑對質。……他們索討「辦案費」，只承諾破案後給……但檢察長蕭順水在昨晚表示，根據檢方……徐椽台及任偵查員的徐士傑，確曾向被害……費。後來溫家給了四十萬元，二徐退還……不明，仍由檢方追查中。

警紀敗壞　溫良謙案暴露無遺

我們衷心期盼警界人士戒慎恐懼　不要再迷失自己而無法自拔

（記者許志明）

一九九〇年代警紀敗壞，筆者曾採訪多起桃園警察涉及刑案及警風紀案。

4 中時晚報，高雄！

一九九一年七月，經由《中央日報》記者李紹偉的介紹，我從《臺灣時報》跳槽到《中時晚報》，警政線的採訪轄區也從桃園跨到中壢。其實《中晚》原先要挖的是紹偉，因為他雖在《中央日報》任職，但是警政和司法路線卻跑得非常出色，不過他覺得待在《中央日報》還算穩定，於是推薦了才到桃園一年多的我，而我也順利被錄用。幾年前，紹偉擔任桃園市政府觀光局長，他陪市長來東森電視台上節目，我們在門口偶遇，仍然有聊不完的話題。後來，紹偉結束公職後，到一家大型宮廟擔任住持。他從媒體業跨到政界、再跨到宗教界，人生的每次轉彎都讓人驚奇！

《中時晚報》的待遇比《臺灣時報》好上很多，但是才差不多三個月的時間，我就接到調職令，要我到《中晚》位在高雄市的南部新聞中心報到。那時為了跑桃園到中壢的新聞，我已貸款買了一部國產小車。我把所有的家當塞滿了車子後座，然後告別了一起租房子的室友——桃園刑警隊警官林信雄（現已是桃園地區的分局長），獨自一人開著小車上高速公路往南行駛。車上，音樂開得很大聲，但孤獨感卻一路不斷襲來，心裡酸酸的，然後覺得自己的眼睛開始矇矓了起來……。這不是我第一次調縣市工作了，在桃園跑新聞的日子說起來也不是很久，但我相信，這將會是我人生中非常難忘的一段歷程！

《中時晚報》南部中心，除了特派員王芳枝之外，還有包括我在內的六位記者。我主跑高雄港和航空、交通線新聞，並作為警政線資深記者黃文博的代班人。晚報跑新聞的時間和日報有點不太一樣，上午在報社寫稿，中午交稿後可以回家睡個午覺，下午再到採訪單位串門子找新聞，高雄港海關和高雄區漁會是我較常去的單位。晚報重點在於「守住深夜」，特別是凌晨一點過後的突發新聞，因為這個時間點如果有重大突發新聞發生，日報大概也來不及挖版了（除非是特別重大的消息），那就代表隔天的晚報可以有很大的發揮空間。我記得在深夜，曾經跑過化學工廠氯氣外洩導致二千人送醫、地下瓦斯管線氣爆、旅社大火死傷十餘人等突發事件。比較起來，在《中晚》南部中心跑新聞，要比在桃園時輕鬆許多，因為分工比較細，人力也比較充足，而且從特派員到各路線記者同事，對我都非常好。尤其王特派員對高雄政界是瞭若指掌，而她對我講話總是輕聲細語，就好像媽媽一樣照顧我，這讓我至今銘感於心！我的警政線師父黃文博，是赫赫有名的「高雄市警局南霸天」，他總是熱心的帶著我熟悉轄區各個分局，從來沒有大聲對我說一句話。而南部中心的其他同仁，也把我當做弟弟一樣的照顧，在這個大家庭裡，我只要顧好自己的採訪路線，其他幾乎沒有什麼是需要我煩惱的！

但是，在我心中還有一個夢想，等待著我去實現！那時，電視台剛開始流行「SNG連線」。早期的SNG車十分龐大，就像是一輛貨櫃車那麼樣的巨大，由於外型有點像大型流動廁所，有一次電視台的記者在進行SNG連線時，竟然有一位歐巴桑來敲SNG車的車門，然後她用台語大聲的問車上導播：「少年吔！你這台車是廁所嗎？借我尿尿一下！」弄得車上工作人員是哭笑不得，我們平面媒體記者聽到這件事則是哈哈大笑！每一次，電視台的文字記者在新聞現場進行即時連線時，總會吸引我靠近一點去觀看。我經常想，如果我是那位正在SNG連線的記者，我的表現將會是如何？也許會嚇得說不出話來，在鏡頭前出糗吧？我在學校從來沒有學過跟電視有關的課程，電視記者對我來說，是既陌生又遙遠！但未來發展的事，有誰會想得到呢？我這個電視新聞的門外漢，至今卻在電視台服務超過二十五年！

5 記一段難忘的採訪歷程

有人問我，在報社跑新聞比較累，還是當電視記者比較累？其實，都很累！報社記者比較需要花時間去建立自己的人脈，有時在轄區單位晃蕩了半天，這裡坐坐、那裡走走，卻是什麼新聞也沒有！只能當做是串門子、交朋友，也許從聊天中能套出什麼新聞也說不定呢？

一九九一年我還在桃園跑報社新聞時，司法記者是可以到地檢署每一個檢察官辦公室去串門子的，你想跟哪個檢察官聊天，就去敲他的門，像侯寬仁、邢泰釗檢察官我都去敲過門。他們即使很忙，也會跟你聊上幾句，不會把你轟出去，但只要一聊到重要案件的關鍵案情時，卻是守口如瓶，惜字如金！我們菜鳥，即使跑很勤，檢察官也是會跟我們保持一定距離；但有些資深記者，卻可以跟檢察官交情好到，假日把他們請到自己家裡吃火鍋和打麻將！我印象很深刻的另一件事是，卓長仁等「反共義士」涉及綁架撕票國泰醫院副院長王欲明兒子時，我們聽說檢方要押著嫌犯出去問案，於是平面記者分二批守在地檢署的前門跟後門。我在後門等了很久，才看到偵防車一輛輛的開出去，但讓我無法置信的是，我居然看到檢察官的車子裡，坐著一位某大報的記者！這輛黑色轎車就這樣大搖大擺的從我們面前呼嘯而過，實在有夠誇張！大報社的資深駐地記者，他們就是有這樣的人脈和能耐！

其實作為一個駐地記者，建立人脈最有效的辦法，就是喝酒！對我來說，這一向是個困擾，因為我對酒根本沒興趣，喝它只是為了維持人際關係。同樣是喝酒，這種跑新聞時無法迴避的應酬，跟三五好友把酒言歡，又有很大的不同！因為應酬時，時常會被逼著「牛飲」或「豪飲」，然後不省人事，醉到隔天中午才醒來！但這並不是我喜歡的生活方式，應酬活動我是能避就避。

一九九二年我到《中時晚報》跑交通線及高雄港時，高雄區漁會下轄千艘遠洋漁船，是很重要的新聞消息來源，而漁會總幹事葉福亭，就是跑高雄港的平面記者不能不熟識的重要人物。葉總是很豪邁的歐吉桑，地中海禿成為他的招牌形象，他很愛在下班後，帶記者去酒家或到他家喝酒聊天到深夜！我那時才二十幾歲，偏偏葉總就愛帶記者去那種有那卡西伴奏的大酒家，喝著陳年紹興酒、唱卡拉OK！大家才剛坐定，葉總就會開始叫幾個徐娘半老的酒女，到一群記者旁邊「坐檯」，我每次被找去，都覺得好像是我在陪酒上班！

有一次葉總CALL我去他家，說有幾位記者朋友在他家，那天一樣是喝到昏天黑地！隔天我醒來，發現是睡在他家的客房裡。他說看我喝酒喝得這麼豪氣，還以為這個年輕人很能喝，沒想到一不注意，我居然不見了！後來發現我在他家廁所抱著馬桶睡覺，他就跟他老婆把我拖到客房去睡。此後，每次看見我到他辦公室或者在一些應酬場合看到我，他就到處跟人說我的這件糗事，而且百說不厭，好像這件事擊中他的笑穴一樣！酒，似乎快速的拉進了我和他之間的距離。

和葉總愈來愈熟後，有時候我在他辦公室裡，他會說：「我出去一下，桌上的公文不要給我亂翻！」他說這話的意思，其實是告訴我說：「給你十分鐘偷看我桌上的公文！」這種關係很微妙，他知道記者要的是什麼，而我們也知道分寸在哪裡，時間久了，彼此的互動就會像是非常有默契的老朋友一樣！但我沒有想到的是，他所面對的環境之複雜及凶險，遠遠超出了我的想像！

在《中晚》任職一年多後，我考進中視當台東駐地記者。一九九六年，就在我回高雄的第二年，可能因為派系或利益糾葛，葉總在自家停車場，遭人近距離開槍射殺，當場身亡，乍聽到這消息，我眼淚禁不住流下來……。

6 離開報社的掙扎

一九九二年到一九九三年，台視、中視、華視陸續招考駐地記者。在那個還是老三台獨霸的年代，要擠進電視台當記者，可以說比考大學還難！一九九二年夏天，我瞞著《中晚》南部中心同事，報名參加了台視駐地記者的招考。由於駐地記者通常是文字記者兼攝影記者，因此還加考了術科，也就是電子攝影機的新聞拍攝。在學校，我從來沒有上過電子攝影機的使用課程，可以說連開機都不會，於是考前趕快找一位老三台的同業惡補，請他教我如何使用電子攝影機。這位同業吃完了我請的大餐後，拿出攝影機到我眼前說：「很簡單啊！就這樣開機、對白、對焦、錄影、關機……」，我聽了一知半解，只記得開機和關機的動作。台視駐地記者術科考試，題目是到台視正對面的公園，拍攝一段介紹這個公園的影片，半個小時之後，考生把拍攝帶和器材繳回給監考官。監考的大哥把我拍完的帶子稍微倒回來一小段檢查，然後一臉疑惑的問我：「你有拍嗎？」我說：「有啊！我很認真的拍了將近有五、六分鐘長度吧！」他說：「我看到的畫面都是你提著攝影機在路上走動，沒有任何正常畫面喔！你可能把開機當關機、關機當開機了！」天啊！真慘！我的第一關術科考試就拿了零分，無緣再晉級第二階段考試！於是，這次台視的考試只能當做一次經驗學習了！這次的台視招考，在平面媒體工作的屏東駐地同業劉旭峰考上了，我無緣與他當同事，甚為可惜！幾年過後，在超視新聞時期，旭峰兄反成了我的長官，有緣共同為電視新聞繼續打拼！

一九九三年春天，換中視招考全省駐地記者。有了上次慘痛的經驗，這次我在報名後，就針對電子攝影機的拍攝和使用下了一番苦功！我重新找了一位老三台的資深攝影記者，他認真的教了我分鏡概念和幾招實用功夫，果然派上用場！利用地形、地物，借力使力，在沒有腳架的狀況下，攝影機仍然穩穩的進行拍攝，口訣是：「取景、手動對焦、閉氣、六秒錄一個cut、不pan、不zoom。」果然，術科考試成績令人滿意，我順利的進到了第二階段：試鏡和筆試。拿著應試通知單，我到中視報到，第一關是試鏡。

當時，整個電視台大廳塞滿了準備試鏡者，男生西裝筆挺，女生個個化妝、穿著套裝，像是空姐一樣美麗。看到這一堆俊帥、美麗的應徵者，每個人都具有當主播的氣勢，我心裡先涼了半截！因為感覺每個人都有備而來，而且每個人都比我優秀，我真的是認為自己希望渺茫！

經過令人緊張的主播試鏡和筆試之後，我居然闖到了最後一關：口試。真不可思議，我沒想到自己竟然可以考贏這麼多人！口試當天，中視新聞部高層一字排開，氣氛頗為嚴肅。主考官新聞部副理胡雪珠問我：「台東」你願不願意去？我說：「台中很好啊！」她說：「不是台中，是台東，你的分數在及格邊緣，如果你願意去台東，我們才會考慮錄取你！」其實不要說台東，當時就算要我派駐綠島或蘭嶼，只要能進得了中視，我都願意去！於是我二話不說，表達了接受的意願。終於，我如願以償的進了電視台！即使我是錄取分數最低的那一個，即使要去遙遠的東台灣，我都十分欣喜自己擠進了這道窄門，並甘心接受這一份挑戰！

一九九三年六月，我終於要離開《中時晚報》高雄新聞中心。說實在的，那真是我待過最溫暖的工作場所了，每個人都對我那樣的好，我怎麼捨得離開這個大家庭呢？而且那時中時報系營收還不錯，我在《中晚》的年終獎金，都還能領到四個月。大家都想不透，我為什麼要拋下這一切到電視台去？對於這一些同事的關心和疑問，我無言以對。但是，縱使對於《中晚》同仁有再多的不捨，我也必須要全部放下，因為進電視台當記者，才是我最終的新聞工作夢想！

中視報到之日，一路上火車往北駛，其實我都很想在中途某個車站月台下車，然後搭反方向的火車回高雄！因為王特派員在南部中心為我的座位保留了一個月，她說：「你去中視受訓期間，如果覺得不好，隨時可以回來，我們都會很高興你回高雄跟我們一起工作！」想到這裡，我在火車上止不住淚水，坐我隔壁的旅客，還好奇的看了我一眼！但終究，我是一去不回頭了！如果我沒有在電視新聞媒體闖出一點名堂，我想我也沒有臉回高雄去見大家！

時任中視駐台東記者，單機赴綠島採訪。

7 台東出車禍

一九九三年八月，中視第一批招考的七名駐地記者結束受訓，灑向各個駐地！其中也包括現今財經名嘴阮慕驊，他是派駐苗栗。中視給我們每個人無息貸款五十萬元買部新車，這輛車就是我們在駐地的「採訪車」，當然這車得自己開，沒駕駛！而且因為我們是「特約記者」，並非納編人員，因此是按發稿量計酬，一個月底薪加上稿費大概是三萬五千元到三萬六千之間。這薪水比我在《中時晚報》工作時還要少，而且辛苦很多，總計在中視工作二年存的錢，只夠還清車貸，實在是十分悲情！但既然是自己的選擇，也就沒什麼好抱怨的。

我接到派令，早上從台北開車出發，經屏東楓港，一直開到天快黑了，才到達我的駐地——台東。不久，台視、華視在台東也都換了一批年輕駐地記者，台視是王大慶，華視是項賓和，三台駐台東記者都是二十幾歲的年輕人。台東是很美的地方，但唯一的缺點就是太平靜了，沒新聞，而且經常跑一則新聞都要開上二十至三十公里的路程，很累人！因此我們三個「三台記者」，經常相約共乘其中一人的車去找新聞。這一天，我們搭的是小項的「嘉年華」無尾小車，一路有說有笑往成功鎮行駛，在經過一個大彎道時，對向一輛車跨越雙黃線急駛而來，和我們的車迎面對撞！嘉年華車頭整個被撞扁，大慶滾下車哀號，頭臉滿是鮮血！小項的一隻腳被夾在變形的駕駛座內，掙扎好久才爬出來，但腳的傷勢看起來也頗嚴重。我坐後座傷勢較輕，但我的攝影機飛到前座，已經摔斷成二截！

大慶傷勢很重，在醫院住了一個月才出院，我和小項則是手和腳脫臼，自行找國術館醫治，也吃了一陣子的苦頭。在車禍發生的隔天，報紙出現一則〈三台記者台東出車禍　台視記者傷勢嚴重〉的新聞，我的父母親看到報紙，才知道我們出了這麼嚴重的車禍！很多年後，我在台北街頭偶遇大慶，他臉上的那道長傷疤猶在，但他從不抱怨，那次車禍，為他留下永遠的印記。為了找新聞，當年我們確實都付出了代價！

還有一次驚險狀況，是我們從太麻里金針山採訪完，各自開車下山時。因為是下坡關係，我一路不斷的踩煞車，在下到最後一個大斜坡，車子即將要進到南迴公路時，我發現煞車突然失靈了，車子的速度竟然減不下來！這時可能發生二種可怕的狀況，一是我高速進入南迴公路時，被來車攔腰撞個正著！尤其如果是被大貨車撞上，那就會當場死得很慘，就像電影《絕命終結站》演的那種恐怖情景！另一種狀況是，我衝入南迴公路時剛好二邊沒有來車，但南迴公路旁就是斷崖，車子如果煞不住就會直直的衝過崖坡，掉進大海裡，那也是必死無疑！當時，車子在幾乎沒有煞車的情況下，一路往下衝，我的冷汗快速的滲滿後背，腦袋一片空白……在車子快速衝下南迴公路時，非常幸運的，左右並無來車，我的左腳死命的踩著煞車，用力到幾乎整個人要站起來，然後右手順勢把手煞車緊急往上拉，我的車子可能會因此失控甩尾掉進海裡，但我也顧不了那麼多了！幸運之神再次眷顧我，當車子的前輪觸及斷崖邊坡時，終於停了下來，我深深的吸了一口氣，慶幸自己撿回一命！然後，把車子轉正，停在路邊讓煞車稍微冷卻後，再慢慢開回台東市區，找個地方寫稿！

台東，的確是個好地方，許多新聞前輩都說：台東的土地很黏，你們或許會被黏在這裡娶妻生子，一輩子都離不開！當時，我也看到了，一些新聞同業在恬靜的山區裡蓋了小木屋，白天跑新聞，下了班後就回到自己與世無爭的小天地裡，享受台東的好山好水！但是，我們三台的駐台東記者都是年輕小夥子，正是需要在工作上有所表現之時。台東的土地雖黏、人們熱情善良，卻無法綁住我們三人一顆驛動的心！

中視駐台東記者時期，勒格艾（左一，台視高雄記者）、筆者（左二）、項賓和（右二，華視台東記者）、許文南（右一，華視高雄記者）。

中視駐台東記者時期，王大慶（左一，台視台東記者）、項賓和（左後二）、劉麟祥（右二，中廣）、筆者（右一）。

8 永凍土的一顆落花生

一九九三年九月，我帶著斷成二截的攝影機（型號五〇七，老舊，重得要命）回到南港中視，換一台新一點的型號五三七中古攝影機。駐地記者所能拿到的配備，幾乎都是二手貨，而且大多是總公司準備淘汰或報廢的器材，才交給地方記者使用。當時，更讓我感到沮喪的是，我在台東出車禍後，第一通打回公司的電話，接電話的長官先問的並不是「你有沒有怎樣？」而是「器材有沒有怎樣？」當然，沒有保護好攝影機是我的責任，但我也沒料到會遭遇這麼嚴重的車禍！那位長官主要是負責器材維護和調度的，可能比較關切公司的財產損失，所以我也不能怪他！車禍之後，我寫了事件報告寄回台北，後續就交給法務室去處理。公司要求肇事對方，要賠償攝影器材設備的損失，但後來到底官司打得如何，我也不清楚，至少沒有叫我要自己賠錢！

在中視的中庭，我看到穿著白西裝的文字記者兼主播王育誠，還有剛走出電梯的趙薇，我覺得他們就像天上的星星一樣閃耀，而我只是一顆埋在土裡的落花生，無人聞問！命運的安排，日後我和王育誠及趙薇，各自在工作上有了密切的交集。但在當時，我一個駐地記者，回到這麼大的一個電視台，總覺得自己十分自卑，最好不要有人認出我來！所以辦完了事，拿到了替換的攝影機後，我很快的就離開了中視，「逃回」屬於自己的駐地，那裡會讓我感到比較自在一點！

當年我體重五十七公斤，而且愈吃愈瘦（現在已經沒這個困擾），每次採訪重要人物，攝影記者一擁而上，我永遠是優先被擠到最外圍的那個人。於是，我確認先天條件上並不是當攝影記者的料，「成為文字記者」，應該就是我要努力的目標。但要當一個電視台的文字記者，首先，必須要克服自己對於攝影鏡頭的恐懼！我很羨慕許多電視新聞記者，他們似乎天生就是要吃這一行飯，男的帥、女的美，站在鏡頭前播報新聞是那樣的專業和自然。但是，我就是不行！一站到鏡頭前說話，如果旁邊有人盯著看，我就會開始緊張和結巴。既然沒有先天的優勢，那麼就只能靠後天的不斷練習了！這時候，我開始後悔，在學校的時候，沒有利用各種機會訓練自己演說技巧和壯大自己的膽子。我其實是很害羞的一個人，跟我不熟的人，我不太會主動跟別人說話；在學校，我也極少在公開場合發表自己的意見，因為我認為，我從來就不是可以領導別人的料，我也永遠不會是意見領袖！但是，如果要作為一個稱職的電視新聞記者，「表達」和「說服」，永遠是最基礎的能力及條件。所以，如果我要突破駐地記者的困境，那麼我首先要做的，就是戰勝自己的自卑和對於鏡頭的恐懼！

於是，我試著拍完一則新聞後，把錄影鍵按上，對好焦距，然後自己拿著麥克風走到鏡頭前講話，作為新聞的結尾，反正也沒規定駐地記者不能做stand（指記者拿著麥克風講話）！新聞部副理兼採訪組長胡雪珠（現為中視總經理）看到我做的stand，特別打電話到台東給我，我還以為犯了什麼錯，嚇了一大跳！她問我：「stand是你請人幫你拍的嗎？」我說：「不是的，是我自己DIY預先錄好的，再把stand剪進播出帶內！」然後她就大笑說：「從來沒看過駐地記者有這種企圖心，很好，繼續加油！」胡副理的鼓勵，有如黑暗中的一道光芒，讓我有信心朝文字記者邁進！但是，那一段時期

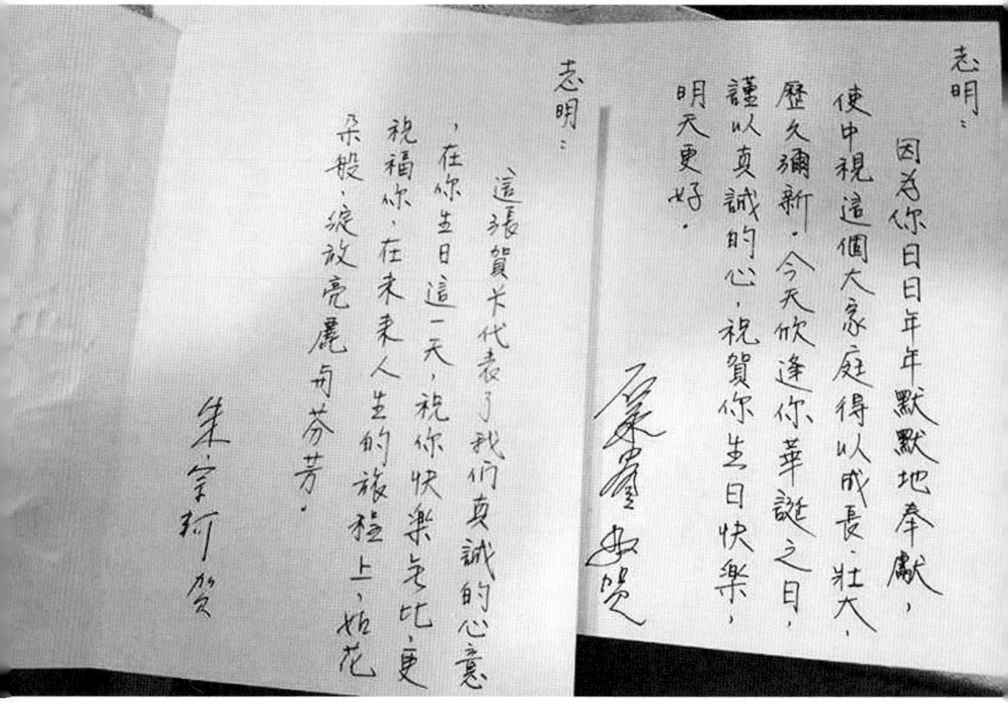
志明：
因為你日日年年默默地奉獻，使中視這個大家庭得以成長、壯大、歷久彌新。今天欣逢你華誕之日，謹以真誠的心，祝賀你生日快樂，明天更好。

志明：
這張賀卡代表了我們真誠的心意，在你生日這一天，祝你快樂無比，更祝福你，在未來人生的旅程上，如花朵般，綻放亮麗與芬芳。
朱宗軻 賀

在中視任職期間，每當生日前夕，員工皆會接到總經理親手寫的生日賀卡，令人感到十分溫馨！

所做的新聞stand，即使新聞播出後，我有把它錄下來，不過多年來我都不敢再播放出來看，因為樣子一定是很滑稽，而且慘不忍睹！

一九九四年底，有線電視開放，如同驚蟄，大地一聲雷！而我這顆永凍土的落花生，也即將冒出新枝枒！

9 駐地記者聯盟

在台灣的商業電視台內，天龍國的高階長官總是「以台北看天下」，他們經常在嘴裡唸著：「駐地記者真是不長進，每一台發的新聞都一樣，你有、我也有，好像大家新聞帶都是借來借去一樣！」那時，我們三台駐地記者共搭一輛採訪車出車禍，也有些長官覺得納悶：「奇怪，我們三台不是新聞競爭對手嗎？為什麼駐地記者感情那麼好，會擠在一輛採訪車上出車禍？」但長官們無法體會，駐地幅員遼闊，一個人實在無法"cover"一個縣市的所有事，所以必須集各電視台之力，互助合作，才有可能不漏新聞！

各新聞台除了中部、南部新聞中心之外，通常一個偌大的縣市，只有駐地記者一個人負責！在台北，因為記者組數多，如果今天A記者請假，B記者就能被調派來代他的班。但駐地記者一年三百六十五天、一天二十四小時都是在「待命」狀態，如果自己生病了，或者家人突然有狀況必須去處理，分不開身進行採訪工作時，就只能靠新聞同業來幫助，否則在駐地是活不下去的！有時候，一個縣市同時間會突然發生很多新聞，駐地記者分身乏術，無法每則新聞都到現場，只好大家分配新聞採訪，然後再互相交換拍攝帶進行剪輯。為了能夠有機會「休假」，有些縣市的駐地記者還會排班：每一週的假日由某個台的記者留守，其他「輪休台」的記者，把有電視台LOGO的麥克風交給「輪值台」記者後，就可以放假到外縣市去。萬一發生大事，負責留守的記者會帶著各台的麥克風牌先去採訪，以便讓新聞畫面拍到各台同時秀出來的麥克風，表示各台記者「都有到現場」。輪值台記者並且會趁空檔，把「休假台」的記者趕緊"call"回來，然後再把拍攝帶分享給他們。所以，也因為這種互助合作的潛規則，讓許多縣市的駐地記者能夠「偷」到一點自己的休息時間！

天龍國的長官，大多對這種駐地記者「權宜」的方法睜隻眼、閉隻眼，不過有些長官卻無法接受，他們認為這是駐地記者共生、腐化的結果，將會造成地方新聞千篇一律，而且毫無競爭力！於是多年前，有些有線電視的高層長官曾經會商，想要幾個台合聘一個縣市的地方記者供稿就好了，不需要每個台都養地方記者，「反正每個電視台發的地方新聞也都大同小異。」但這個構想，後來沒有實施，可能涉及到某些實際的困難點無法解決。比如，如果地方發生大事，那這個負責發稿的合聘記者，應該先提供消息及畫面給哪一個台？如果各台同時要這個合聘的記者進行現場連線，那這個記者應該先連哪一個台？這些問題恐怕一時之間也難以解決！

同時，早年某些台的天龍國長官，也會藉著「視察」地方中心名義，到駐地去吃吃喝喝！駐地記者或地方特派員，晚上還得招呼長官去酒店或某些「特殊場所」。這些花費，要找誰來買單？一個地方記者，一個月能賺多少錢？為了伺候好台北來的長官，特派員或駐地記者必須去找他當地的「金主」來買單，也許是國營事業、地方大企業，也許是警界、政界人士……。但是，這些人幫你擺平了天龍國長官來「視察」的花費，駐地記者自然也就欠人家一份人情，這些人情遲早是要還的！比如，「金主」單位如果出了大紕漏或醜聞，那在新聞處理上可能就得大事化小、小事化無，至少在新聞的批判力道上，就得要比別的電視台更加收斂和友善一點！拿人手短，吃人嘴軟，這道理駐地記者不是不懂，但為了要讓長官能夠視察愉快，且日後不要動不動找他麻煩，有時也不得不這樣做！

所以，如果說地方記者與駐地政、商界之間的這種共生關係是一種「腐化」，那麼某些天龍國的長官恐怕也得負些責任吧！幸好，我在當駐地記者時，所待過的平面或電子媒體，都沒有出現過這種長官！

10 一場美夢：超視新聞

一九九三年底TVBS開台，一九九四年傳訊電視成立。但震動媒體界和影劇圈的，當屬一九九五年末演先轟動的「超級電視台」！因為挾台、港豐沛資金，傳說劉德華、梅艷芳都是電視台股東，開台大戲《武則天》、《黃飛鴻》更是砸重金、一集一百萬元成本拍攝，在當時造成不小的話題！

一九九五年七月時，我們這一批駐地記者在中視任職已屆滿一年，但中視還是不打算將我們納編，我們仍然是依發稿量計酬的「特約記者」，在待遇和保障上都遠不如正式納編的記者。駐苗栗記者阮慕驊，在稍早已優先離職到中央社財經組跑新聞，而我們仍存一絲希望與中視談判。當時，衛星電視台已如雨後春筍般冒出，許多人開始跟這些新興媒體接觸，也增加我們的談判籌碼。後來，我們決定孤注一擲：中視特約駐地記者共同聯名，寫了一份聲明，向報社記者投書。說起來，電視記者的權益，還要靠報紙記者來幫我們爭取，也是件很奇怪的事，但如果不這樣做，或許大家就不會有破釜沈舟的決心，中視也不會重視我們的訴求！幾天後，某大報影劇版登出了，中視駐地記者爭取納編不成、準備集體辭職的消息。我們等了幾天的時間，中視仍沒有將我們納編的打算，於是往「新媒體」跳槽，也成為當時唯一的出路！

透過介紹，我打電話給超視新聞部籌備處主任何善溪，並飛到台北一趟，見到那時超視聘任的「新聞評論員」江冠明，他滔滔不絕的向我介紹超視新聞的未來規劃，尤其「新聞評論員」網羅了當時平面和電子媒體的許多重量級人士，讓人格外矚目。江冠明說，為了彌補即時新聞深度不足的問題，所以超視特別設計了「新聞評論員」這樣的職務，每當有重大新聞發生時，「新聞評論員」除了提供深度新聞背景資料給線上記者參考之外，也可以上播報台和主播對話，這完全是師法CNN的作法，也是台灣電視新聞的一大創舉。聽到何主任和江冠明對超視新聞的規劃，我的眼睛為之一亮，好像也看到了我未來新聞工作的新希望！

我的薪水，很快就和超視談妥。從中視的三萬五千元左右，直接加到五萬多元。後來我想到了，回到高雄後還需要租房子，於是再向何主任多要了一筆「房租津貼」，何主任也很爽快的答應了。於是，我告別了台東，又回到熟悉的高雄市！只是，離開高雄雖只有短短二年，但再次回來，竟有著恍如隔世的感覺！

一九九五年十月，超視新聞盛大開播，挖來了台視主播葉樹姍、中視主播周慧婷，以及一批新聞好手，可說是陣容堅強！不久，我也領到超視南部中心文字記者的名片。二年在中視的磨練，雖然在經濟上，日子過得頗為拮据，至少也換到了現在這個職位和薪水。但是，我萬萬沒有想到，超視新聞構築的美夢，二年就破滅了，我的桃花源也跟著土崩瓦解！高薪的「新聞評論員」小組最先解散，後來，我們也面臨幾乎全部被資遣的命運！很多年後，東森電視買下了超視，我奉命去參加超視的片庫接收會議，看著當時號稱一集一百萬拍攝的《黃飛鴻》、《武則天》播出帶，心中感慨萬千！

何善溪當了超視第一任採訪主任沒多久就離職了，後來他變成成功的台商，幾年前我去西安出差還見了他一面，一起把酒暢談超視的開播往事。而江冠明則到台東去開民宿做德國豬腳，東森新聞台的《一〇〇一故事》節目還曾經去訪問過他。我永遠記得，一九九五年時江冠明曾經豪氣的對我說：「你們都是需要舞台的人，但我並不需要！」所以，對於他的遁入山林，我一點也不意外。當年，我們這些年輕小夥子急著想要離開台東，到外面去闖蕩江湖、尋求表現，希望能有更多屬於自己的舞台；但是江大哥卻自願離開台北的花花世界，回到後山去過著屬於他自己的生活，縱然辛苦，但倒也真實和恬靜。也許有一天，我會重新回到台東的懷抱，去重新體會，當年那個我急著逃離的山林和海洋！

一九九六年超視南部中心時期，與攝影記者賴奕薰（左一）赴上海採訪專題。

一九九七年超視新聞部出版的夜線新聞片尾曲CD。

11 衛星頻道蓬勃發展

一九九五年十月，超級電視開播，氣勢如虹，新聞部人才濟濟，大家鬥志高昂，而回到高雄的我更是如魚得水。經過一年的打底後，超視新聞的收視率扶搖直上，經常是尼爾森收視率排行榜的前段班。身處有線電視開放的裂變時代，我們這個時代的記者可說十分幸運，每隔一陣子就有跳槽機會，許多新聞同業更是經常「大風吹」，換工作像喝開水一樣的容易！

一九九七年五月，「民視新聞台」開播，我看到華視的項賓和也離開台東，跳槽到民視南部中心了。一九九八年初，前身為力霸友聯的「東視新聞台」（今東森新聞台）開播，當時有同業問我要不要跳到東視，還可以再加一次薪，我隨口說：東視？沒什麼名氣耶！我在超視很好啊，完全不考慮！一直到現在我才體會，有時候人說話不能講太滿！而今我在東森電視竟然一待近二十年！媒體圈說大很大、說小也很小，有時候你覺得自己永遠不可能會到這個單位，或者不可能再見到這個人，但命運就是會安排把你們綁在一起！而你愈想停留的地方或者愈想親近的人，最後就是沒有緣份在一起！曾經是那麼樣的深愛「超視新聞」這個大家庭，即使當時跳槽可以加薪也引誘不了我，因為我認為這裡有我可以發揮的空間。但命運不由人，到了該離開的時候，你是如何也沒有辦法扭轉這個結局的！

一九九八年我在超視南部新聞中心期間，母校世界新聞專科學校升格為學院，新聞系開始招收在職進修學分班，我每週或隔二週必須從高雄搭飛機北上唸書二天。幸好那時北高航線競爭激烈，票價比現在高鐵還便宜，所以雖然經常搭機往返北高，但也還不至於拖垮我的經濟！很順利的，在二年之後補滿新聞學系的學分，拿到了大學畢業證書。

在超視南部新聞中心跑新聞，雖然有時很辛苦，但是跟新聞同業之間的相處卻很愉快！南部的媒體生態跟北部很不一樣，這裡的新聞同業關係比較像是「同心圓」。也就是你會有一群私誼比較要好的同業，這群人非常親密，經常聚會談心，是你最強大的心靈支撐力量！同心圓往外擴散，第二圈是新聞合作密切的同業，但僅止於新聞訊息的合作，稱不上有多麼深交。外圍第三圈則是點頭之交，但這三圈關係網絡都屬友善關係，彼此並非惡鬥或敵對關係。而台北的媒體記者關係，是同業之間彼此結盟成一個個小圈圈互相競爭，如果你不加到其中的一個小圈圈，單打獨鬥恐怕是很難活下去的。但回到電視台的新聞部之後，你還得跟自己公司的人鬥，內鬥永遠是比外鬥更加的凶險和艱辛！在調到台北工作後，我經常想念高雄的那群「新聞閨蜜」，因為再也沒有機會找到那樣可以相互關心、鼓勵且無話不談的同業好友了！

當時在高雄一起跑新聞的同業，很多都已是現今電視媒體的重要主管，像是TVBS-N的余朝為（壹電視副總）、蔡菀瑩（三立新聞總監）、林瑋鈞（TVBS-N副總監）、真相新聞網呂惠敏（三立新聞台主播）、台視簡振芳（壹電視副理）以及在東森的我，高雄幫如今在台北新聞界也算是勢力龐大！

一九九七年超視南部中心時期，與高雄新聞同業赴南橫採訪（右一爲筆者）。

12 中共射飛彈與彭婉如事件

在超視南部中心跑新聞的日子，雖然忙碌，但很充實。有時南部有大事發生，我們二組記者就要當四組用，發稿量會是平時的二倍，而且還要負責SNG連線，經常累到翻過去！由於「超視新聞」在當時常是個非常新的電子媒體，因此知名度還沒有那麼高，有時在以電話約訪或詢問新聞當事人時，常會鬧笑話！最常遇到的問答是：「您好，我這裡是超視新聞，請問XXX在嗎？」「啥？超市？超級市場？我們沒有在超市叫東西啊！你送錯地方啦！」然後我們就要解釋半天：「不是超級市場啦！是電視台啦！超級電視台的新聞記者啦！」不過「新媒體」也有它的優點，它靈活、機動性強、創造性高，最重要的是，可以甩開老三台的黨政軍包袱！我記得有一次因為報導一件刑案，約訪當時承辦的高雄地檢署檢察官，這位檢察官問明我所屬媒體及來意後說：「超視、傳訊、TVBS，你們這幾個『新媒體』都是我十分尊敬和欣賞的，所以我可以接受你的獨家專訪！」受訪者的打氣和鼓勵，也給了我更多的信心，繼續在超視新聞堅持下去！

一九九六年發生二件大事：一是為了反制李登輝的「兩國論」，中共在三月八日凌晨零時朝高雄外海三十海浬處射了二枚東風十五導彈，一小時後又在基隆外海二十九海浬處再射一枚導彈。由於中共的二次「射彈」被我方視為準戰爭行為，演習過程隨時可能轉變為真正的軍事行動，因此也引起美方高度關切，派出二艘航空母艦協防台灣海峽，導致兩岸關係是空前的緊張！由於預期中共解放軍還會再發射導彈，因此傳出許多電視台要僱漁船，從高雄港出海拍攝。我聽說華視已經僱好漁船要出發了，於是趕快透過區漁會聯絡好漁船，用一天二萬的代價載我和攝影記者專程出海拍攝。那天海上風浪還算蠻大的，由於預期可能會再有導彈來襲，因此近海漁船大多已返港避難，茫茫大海，什麼也沒有！沒多久我就開始大吐特吐，整個人攤倒在甲板上，感覺天旋地轉！後來，我想想也覺得自己蠻蠢的！我們出海拍什麼呢？難道真的可以拍到導彈劃過天際嗎？如果真的拍到，我們也可能會沒命！畢竟二〇一六年七月台灣海軍天兵在高雄金江艦誤射了雄三飛彈，就穿越四十海浬，飛彈自動搜尋目標打中了漁船。所以運氣如果不好，我們也有可能成為海上標靶！

整個航程，我只記得從漁船爬起來二次，一次是勉強做了一個STAND；另一次是有艘漁船經過我們身邊，我伸出麥克風，向船長做了一個沒什麼營養的訪問：「你現在出海捕魚，難道不怕遇到中共再射導彈嗎？」船長回答：「不怕啦！我什麼大風大浪沒見過，怕的話，我就沒飯吃啦！」其他時間我都倒在漁船甲板上動彈不得，真的是很沒用。中共射彈事件還引發了情報界的大風暴！李登輝當時在第一次總統直選政見發表會上，向支持者說：「那是空包彈、啞巴彈啦，免驚！」結果害得台灣收買已久的解放軍內線劉連昆少將和邵正宗等人，被中共逮捕後用毒針處死，「少康專案」失敗收場，台灣軍情局在中國布建的情報網也破了一個大洞！

一九九六年十一月，高雄發生民進黨婦女發展部主任彭婉如命案！彭婉如從尖美飯店疑似是搭上計程車後失蹤了。當我接到彭婉如遺體在鳥松鄉一處芭樂園找到的消息時，已接近傍晚，我們南部中心的另一組記者先拍了現場畫面回來發快報，我趕往接手，負責現場SNG連線。趁著SNG車還沒到時，我靠近警方搜證現場，當時可能警方管制沒有像現在這麼嚴，現場也沒有進行隔離，所以可以近距離看到彭婉如那全身蒼白赤裸而毫無血色的遺體。鑑識人員忙著在她身上進行採證，我在心裡一直唸著：「天啊！阿彌陀佛！」跑社會新聞，不是第一次看到遺體，現場看到時通常不會感覺到害怕，但工作完回家之後，晚上自己一個人睡覺才真的是恐懼的開始，有時會怕到開著日光燈才敢睡！早期警方比較能夠允許讓媒體記者進到命案第一現場（所以劉邦友血案官邸現場，留下了第一批到達的媒體記者腳印，造成過濾嫌犯時的困擾），可以很近的看到被害者的樣子。時隔多年，有時腦海還會出現一些驚悚、可怕的畫面。

遺憾的是，彭婉如命案在二〇一六年屆滿二十年仍是懸案，當年發現她的地方是第二現場，遺體在第一現場被清洗過，警方多年來過濾數萬名計程車司機，沒有一個符合指紋和DNA比對！

另外，有一次去鳳山拍了一個公寓的四屍命案，我和攝影記者一步入公寓客廳，就看到四具遺體都還沒運走，只是一個個蓋上白布橫躺在地上。當天中午發完新聞後，在公司小睡片刻，攝影記者睡到一半突然大吼大叫，然後臉色蒼白的往門口衝，我們還以為他撞邪了，結果只是夢魘，把大家嚇個半死！

當年的警政新聞，多虧了警廣的美女同業為我通風報信，而她們颱風天居然還敢搭直昇機報路況，在空中如同雲霄飛車一樣的刺激卻毫不畏懼，也讓我十分折服！

13 霸占SNG車

SNG車（Satellite News Gathering）的出現，在早期造就了老三台許多知名的電視記者，如台視吳恩文、隋安德，就是經常出現在SNG新聞連線，而被平面媒體封為「SNG王子」。在吳恩文任職台視高雄記者時，我還向他請教過播報技巧和SNG連線。對他來說，這兩項工作是他的家常便飯，但對我來說，卻像是要跨過重重高山一樣艱難。在有線電視開放後，TVBS-N和東森新聞台都各自擁有十餘輛的SNG車，並且在一九九九年的九二一大地震時派上用場，大量的SNG連線，讓電視機前的觀眾能夠迅速的得到各個災區的即時現況。

一般重要的即時新聞，第一波到現場的，通常會有二組電視記者：一組記者負責採訪新聞，另一組記者則負責現場SNG連線。SNG車具有高度機動性，車上配備有駕駛、導播、工程人員、攝影記者等人力，他們通常會比採訪記者更快到達新聞現場，然後把衛星天線拉上來，並對好訊號，等待記者就定位後進行連線。如果台灣各地發生造成重大傷亡的意外事故，各個電視台的SNG車就會傾巢而出，並分別被調度到新聞現場、醫院、殯儀館、官方單位、負責人家中等地方。尤其在颱風和地震等重大災情發生之後，SNG車的新聞連線，就會成為當日電視新聞的重點。白天時，新聞台大多由記者的SNG連線撐場面，一直要到晚間新聞時段，才會有比較完整或經過整理的災情新聞SOT帶（電視新聞術語，指一段完整的新聞報導，通常由記者過音、新聞影像、受訪者訪問及台呼等組成）播出。

事實上，SNG連線因為是現場播出，所以不容有任何閃失，如果是平常時候做STAND（電視新聞術語，指記者拿著麥克風在鏡頭前講話），自己覺得講得不順時，還可以請攝影記者再幫忙重錄一次，但SNG連線就沒有重來的機會，講錯了，就有可能貽笑大方！因此剛開始接觸到SNG連線時，心情是十分緊張的，事先雖然寫了許多詳細的備忘錄，但當導播說：5.4.3.2，然後手勢往下、開始進行連線時，我總是嚇得腦中一片空白，都不知道自己在講些什麼！有一次，在連線台南鹽水蜂炮時，台北副控導播認為現場畫面很精彩，就透過耳機叫我暫時不要講話，讓觀衆體會一下現場蜂炮齊出的震撼感覺。經過二十秒，耳機內沒有任何指令，我愈來愈緊張，不知接下來要講什麼，就自己對著麥克風說：接下來我們把新聞現場交還給台北的主播！結果一連完線，當然就挨了長官一頓罵，說看得正精彩，你就自己把它給收掉，真是豬頭！我對於自己的表現也感到十分懊惱。然後，我開始想辦法讓自己不要那麼緊張，有次竟異想天開的想到「喝酒壯膽」這一招。就是在連線前，利用時間喝點高濃度的酒，來降低自己的緊張感和心跳速度，但似乎一點用也沒有！後來，隨著一次又一次的連線，這才發現，經驗的累積，其實才是讓自己不再那樣緊張的法門！因為一緊張，在鏡頭前表現就會失常，資料準備再齊全也都是枉然！

由於SNG連線，最容易讓記者累積實戰經驗，並且也最能表現自我，因此，當時電視文字記者的工作心態，可用「霸占SNG車」來形容！也就是這部SNG車跟著我出去新聞連線，不管在外面多少天，我都要跟著它完成任務後，一起回到電視公司，中間不會讓別的新聞同仁有機會搶走它，除非是我真的撐不住了！所以，當台北長官問我說：「會不會太累，要不要換人連線？」我都回答說：「不累、不累！不用換人！」其實每個整點都要連好幾次線，真的很累、也很苦，但我就是不要SNG車被別人搶走！我認為這是電視記者的一種企圖心、表現慾，但也是一種責任感！

二〇〇九年八月，東森新聞台社會組的羅友志（現為電視名嘴），到高雄甲仙小林村去連線莫拉克颱風引起的「滅村事件」。他頂著毒辣太陽，並背著Flyaway（攜帶式衛星通訊系統）深入災區各個搜救現場，在硬撐好幾天之後，全身被嚴重曬傷，但他卻打死不退，不肯回台北就醫！剛好我也要到小林村採訪新聞專題，所以長官就託我送一些救急的成藥過去給他。當我在高雄的旅館找到他時，看到他整個人幾乎被曬成人乾、背部也嚴重脫皮，我問他要不要先回台北，他還是說不用，明天還要繼續連線！羅友志的這種「SNG記者精神」，也讓我十分佩服，換成是我，都不知是否能堅持到最後？

只不過，後來電視記者的SNG連線，卻變成是一種「表演」！尤其是颱風來襲時，記者都必須找到一個最能顯示颱風威力的地方進行連線。當男記者被強風吹得東滾西翻、女記者被吹得驚聲尖叫之時，便能搏得電視機前的觀眾歡笑，而新聞收視率也可能隨之衝高！不過，這種新聞連線「表演」其實是十分危險的，因為記者身上沒有任何防護裝備，隨時有可能被飛來的破損招牌或掉落物砸中身體要害。有些在橋上或海邊連線的記者，也有可能被海浪捲走或被強風捲起、掉到橋下。我記得有次颱風連線時，強風把附近一家機車行掛在門口的輪框、輪圈吹得到處飛舞，就好像血滴子一樣，在街上到處彈射，要是被它打到，可能不死也剩半條命！所以，我只能暫時先收工，把工作人員先撤退到飯店內，等風勢小一點再出來繼續連線！近年來，勞工意識抬頭，勞動部也開始關切記者在天災中的採訪安全，因此電視記者在狂風暴雨中「表演式」的連線，現在也比較少見了！

14 媒體烏托邦的幻滅

一九九五年開播的超級電視台，儘管有許多節目得到了金鐘獎加持，各節新聞的收視率也都名列前茅，但仍不敵太過理想化的鉅額虧損，曾經我一度以為可以安身立命的桃花源，已經開始危機四伏！

一九九八年四月，在劉旭峰當採訪主任的任內，我晉升為南部中心特派員，那年我三十二歲。一九九八年下半年，內部開始傳出超視要整併十五個部門並且大裁員的消息，但我仍拒絕相信這些傳言：超視好不容易打響知名度，怎麼可能就此放棄？一直到年底，報紙出現斗大標題，證實超視轉手給SONY公司，新聞部準備大裁員並進行整併，許多指標性旗艦節目也將停播，這時我才真正相信，這個媒體烏托邦即將崩毀！

一九九八年十二月，超視南部中心即將熄燈，我這個短命的特派員負責收拾殘局。該怎麼有一個"happy ending"呢？難道我們該默默收拾行李走人嗎？於是我想到了一個「告別派對」的活動，就是把辦公室變成buffet餐廳！當天我自己採買很多吃的，然後邀請電視、廣播同業，每一個來參加的人，都要帶一道菜來參加超視南部中心的最後「告別派對」！在這場派對中，我這個當主人的，忙進忙出的送往迎來，氣氛十分熱鬧和溫馨，一時倒也忘了感傷。一直到深夜人去樓空，只剩我和南部中心祕書收拾善後，這時我們才真正感覺到「派對結束了」那種落寞！

在南部中心結束前，我收到了人事室的通知，要我二選一：一是以優於勞基法規定辦理資遣，二是調任台北新聞中心資深記者。算一算，如果接受資遣，大概可以領到五十萬現金，房貸可以立刻減輕壓力，但是之後呢？對於未來，我感到相當茫然，於是我決定放棄資遣費，調任台北。一九九九年初，開始我在超視台北總公司上班的日子，也開啟了「後超視時代」的艱辛轉型路！

超視新聞部仍然繼續留存，但留下來的「殘兵」只採訪新聞專題，每日即時新聞部分則向東森新聞採購。杭州南路的這棟大樓樓層，過去人聲雜沓、熱鬧非凡，如今卻顯得冷冷清清。有人告誡我，在這棟大樓不要工作得太晚，因為有些「不乾淨」！我是沒有碰過什麼嚇人的事，只是拉長時間來看，在這棟大樓的許多媒體，好像都發展得不是很順利，可能它的「路沖」格局，有風水學上的大問題？

真正嚇到我的，是有一次午間新聞，播出一則外電新聞，內容是報導國外天體營活動。衛星接收的外電新聞是「無碼版」，可能國外新聞的尺度比台灣開放很多，這種「無碼版」在國外的新聞中都能直接播出，但在台灣就是不行！新聞部後製剪輯師將參加天體營的人，在重點部位全上了馬賽克，以符合國內新聞法規。但正式播出時，工作人員卻誤拿了這支「無碼版」的帶子送到副控室，於是赤裸裸、一絲不掛的男男女女，就在新聞中整個大放送！等到導播發現後立刻切回主播時，已經來不及了！新聞棚內一陣驚呼，大家都嚇傻了！我當時立刻想到，有老師在課堂上誤播A片的後果！事後，我們都在等報紙記者發新聞來嘲笑我們，或者新聞局會直接寄來罰單。結果，竟然船過水無痕，似乎完全沒有人發現這件糗事！於是我們只好自我安慰：這也是超視新聞收視率大不如前，已經沒有什麼觀眾的好處！

15 惡整趙薇

一九九九年初，我開始在超視新聞部採訪新聞專題，當時的主播是新聞部經理楊鳴及從中視挖來的趙薇。在中視時，趙薇播夜線新聞，我當台東駐地記者，也算是舊識了。趙薇外表是甜心主播，但是內心剛強、個性直爽，我覺得她很有一股「男子氣概」，所以彼此相處也十分愉快！

那時台中的猛男秀爆紅，因為採訪他們，而認識了猛男秀經紀人「夜幕人」。跳主秀的猛男「大象」有著壯健身材和俊帥臉龐，令人印象深刻！我曾跟著舞團一起到台北和台中的夜店採訪，也見證那段期間猛男秀瘋狂受歡迎的程度。那時，趙薇生日快到了，於是我就和夜幕人開始策畫一場讓她非常難忘的生日秀！

當天，晚間新聞播完後，我們先把趙薇帶到東區某五星級飯店有一個大客廳的房間，把燈光調暗，讓她矇上眼睛。當霓虹燈重新閃亮，熱門音樂響起，一名穿西裝男子開始熱舞，並一件一件脫衣，露出結實胸膛和小褲褲圍繞著趙薇，配合著我們的歡呼聲，現場氣氛開始熱烈起來，趙薇也顯得十分興奮！但猛男秀表演不到十分鐘，門口有人用力敲門，我打開房門，竟然是二個穿制服的警察！這二個警察一進門就大喊：「臨檢！有人舉報這裡有妨害風化行為，通通停下來！音樂關掉，把燈打開！」突如其來的舉動，讓大家是一陣錯愕，氣氛頓時從沸點降到冰點。其中一名高大的警察，靠近趙薇打量說：「厚！妳很面熟喔！好像在電視見過，啊妳不就是那個電視台的那個主播嗎？嘿嘿，妳慘了！明天妳就會上社會版頭條了，主播妨害風化，哈哈！把身分證拿出來！」只見趙薇臉色一秒鐘刷白，幾乎是嚇傻了，然後她怯生生的去皮包裡拿身分證給警察，警察看一看說：「妳是現行犯，要戴上手銬，把妳帶到派出所做筆錄！」說完就作勢要抓住她，趙薇這時臉色更加慘白，幾乎就要哭出來了！這時房間內燈光再度變暗，等到霓虹燈和音樂再度響起，二名警察配合節奏開始一件一件脫掉衣服，他們身上的藍色長褲「刷」一聲被拉掉，露出粗壯大腿和超短小褲褲，原來高大威猛的警察是

「大象」所扮，趙薇這時才發現，她被耍了！現場爆出如雷歡笑聲，趙薇也破涕為笑，而且笑到腰直不起來，今晚惡整主播大成功！整場「秀」都是我和夜幕人的精心策劃，猛男團無償贊助演出。好玩的是，趙薇幾天前才播過猛男秀的新聞專題，竟然沒認出盤查他的警察就是猛男秀的主角「大象」！

後來趙薇也跳槽到東森新聞台一段時間，二〇〇〇年和當時任職《時報週刊》的社長張國立結婚，並漸漸淡出螢光幕，後來成為旅遊和美食作家！偶而還能在網路媒體上，看到她上談話性節目的風采。

另外，「後超視時期」還舉辦了一次主播招考，第一名錄取的女主播，在跳槽到某家電視台，因主跑立院新聞而嫁給某位立委後，一度成為這家電視台和立法院不可一世的人物。沒想到後來因為丈夫涉及貪汙案，而成為同案被告，自此從電視台和政界消聲匿跡。而第二名錄取的男主播，之後到其他有線電視台主持節目，也因涉及募資掏空而成了詐欺案被告。真奇怪！難道這又是杭州南路這棟大樓的路沖風水影響嗎？

在調任台北總公司不到一年的時間，我就升任採訪中心副主任，但我明白這是蜀中無大將的結果，超視新聞部走到這裡，算是氣數已盡，這不是可以久待的地方。一九九九年十月，我就跳槽到三立新聞部報到，任職社會組副組長。那時在三立的長官和許多社會組的記者，現今有不少人都已成為談話性節目的名嘴，包括劉駿耀、丁學偉、羅友志、江中博等人。我在三立新聞的時間很短，差不多只有一年的時間，但也見證了三立「夜鷹小組」打破「大夜聯盟」（各新聞台跑大夜班記者仿照駐地記者所建立的新聞互通有無默契），屢屢跑到重大獨家新聞成就；二〇〇〇年三月也在SNG的連線下，見證了阿扁當選總統的第一次政黨輪替。

當時在敗選後，國民黨失望和憤怒的支持者包圍李登輝總統官邸和中央黨部，馬英九市長前往安撫（但大家都說他是去逼宮）向群眾講話時，一顆雞蛋不偏不倚擊中馬市長的俊俏臉頰，轉播中的副控室響起一陣驚嘆：「神準啊！」後來，激動的群眾上凱道進行抗議，木棍、石頭、雞蛋、裝水寶特瓶、瓦斯汽笛聲漫天飛舞，許多電視台記者也成為被攻擊目標。一開始是政治立場偏綠的媒體遭到攻擊，這些電視台記者，趕忙把攝影機上貼的電視台LOGO（識別標誌）卸下來。後來，只要是媒體記者都會被攻擊，有記者頭部被棍子或石塊砸中，當場昏倒且頭破血流。同時，在激烈的警民衝突中，也有數十人掛彩，情況比二〇一八年四月二十五日疑似退役特種部隊軍人，在立法院毆打記者和警察事件，有過之而無不及！但是，比起全副武裝的警察，手無寸鐵的記者，在這種抗爭場合其實是深陷險境，很容易成為失控群衆的攻擊目標！尤其站在雙方陣營中間搶拍衝突的記者最為危險，棍棒不長眼，記者會第一個被當成洩憤的肉靶子！如果發現情況不對，採訪記者最好還是退到鎮暴警察或警方人牆之後的地帶比較安全。

16 九二一大地震的採訪

一九九九年我在台北超視新聞部上班，租房子在敦化南路一間冬冷夏熱的頂樓加蓋公寓，九月二十一號的凌晨一點四十七分，發生了死傷慘重的「九二一大地震」！我當時覺得這棟老舊公寓就要被震垮了，結果，北部地區的老公寓大多都沒事，反而是比較新的電梯大樓倒了下來。當時，TVBS-N和東森新聞台各自靠著十餘輛的SNG車搶得先機，成為最大的新聞贏家！尤其，TVBS-N的「野戰記者」和「大福特」SNG車穿梭在災區的新聞廣告畫面，至今仍令我印象深刻！

「九二一大地震」發生後，超視新聞部派了一部SNG車和我一起到中部，我們大多在台中金巴黎大樓、軍功國小、災民收容所等地連線。金巴黎大樓有七十九人罹難，由於地處偏遠，買東西不方便，因此經常在挨餓的狀態下工作。而且，就算有東西吃，當你看到遺體一具具的被找到抬出，你也實在吃不下！當地的一個歐里桑看我連線好幾天，就主動過來跟我說：「這金巴黎大樓蓋在『水流屍地』，凶得很啊！」他說：「我從小在這裡長大，這裡以前是一條河，上游有人自殺或落水，屍體會漂到這裡來，所以叫『水流屍地』，我看到好幾次鬼啊！後來建商把河填平，蓋了金巴黎大樓，當地的人都不敢來買，只有不知死活的外地人住進去，真是夭壽啊，死這麼多人！」我聽了這些話之後，全身都起雞皮疙瘩，趕忙把它修飾一下，放到我的SNG連線內容去講。在幾天的連線過程中，強烈餘震不斷，大樓殘骸一直不斷的掉下來，搜救人員趕忙丟下機具逃命，現場畫面令人驚心動魄！

由於我們緊急被派到台中支援，加上第一天已經工作到很晚了，就隨便找一家郊區還有營業的汽車旅館住。那時旅館停水停電，只能靠著蠟燭微光照明，整晚我都惡夢連連，罹難者出土的影像不斷閃過眼前，整個房間也覺得鬼影幢幢……。隔天早上我們起床時，才發現整個餐廳地上是隆起來的，我跟攝影記者都嚇了一大跳！但是，當時台中地區的飯店和旅館，大多受創嚴重，像我們投宿的汽車旅館這樣「完整」的，已經不多見了！市區沿途可見全倒或半倒、嚴重傾斜的房子，路上行人稀少，呈現出一種遭逢大難之後的蕭瑟與冷清！當時，重災區集中在中寮和埔里，不過那裡並不是我連線的負責地區，一直到隔年我到三立新聞台做九二一震災週年系列報導時，我才有機會進到中寮、埔里、東勢等災區。

結束九二一台中災區的連線後，回到台北，我繼續在台北市東興大樓和新北市「博士的家」進行搜救現場的新聞連線和採訪工作。台北市果然是首善之區，什麼資源都有，災區附近如同小型夜市，隨時都有慈善團體和善心人士送吃的來，想吃什麼、喝什麼，免錢自己拿，可說是全台灣採訪震災「福利」最好的地方。而我也在「博士的家」第一次見到斷垣殘壁中，填充了許多空的沙拉油桶，當時這種景象也引起媒體的關注與報導，有些媒體甚至質疑這種現象就是偷工減料！後來，二〇一六年在台南倒塌的維冠大樓牆壁，也曾發現有空的沙拉油桶和保麗龍。結構技師解釋，這其實並不是建築時偷工減料，而是為了減輕大樓整體承重常見的做法。不過在九二一大地震時，我們在現場看到「博士的家」牆壁內許多的空油桶，都直覺建商就是這樣偷工減料、草菅人命，才會使得大樓整個倒塌，所以都把空汽油桶的填充列為大樓傾倒的「重要原因之一」。後來，當謎底揭開時，才發現當年的報導其實是錯的！雖然當時在新聞中，我只是用質疑的語氣，懷疑在「博士的家」牆壁中出現的空汽油桶可能與大樓倒塌有關。但當時的氛圍，讓媒體記者忘記去向專業人士查證：空汽油桶其實與大樓倒塌無關！「博士的家」的確在施工中有偷工減料，諸如混泥土強度不足、灌漿不足、箍筋抗壓能力不足等等，但絕對與放空汽油桶在牆壁內沒有關係！這個錯誤報導，讓我至今想起來仍然覺得十分汗顏！

如今，因為「4G包」的普及，各新聞台在九二一大地震時期建功的SNG車，也都已紛紛除役，變成「殺肉車」！嚴重故障的SNG車會被就地拆解，取下一些還可運作的零件，同時，各電視台也大多不再買新的SNG車。而原先各台擔任新聞急先鋒的「SNG小組」成員也大多被打散，編入攝影組或空拍機小組，許多人也因此被資遣離職。當年新聞台靠著SNG車打下一片江山，如今物換星移，網路傳輸技術日新月

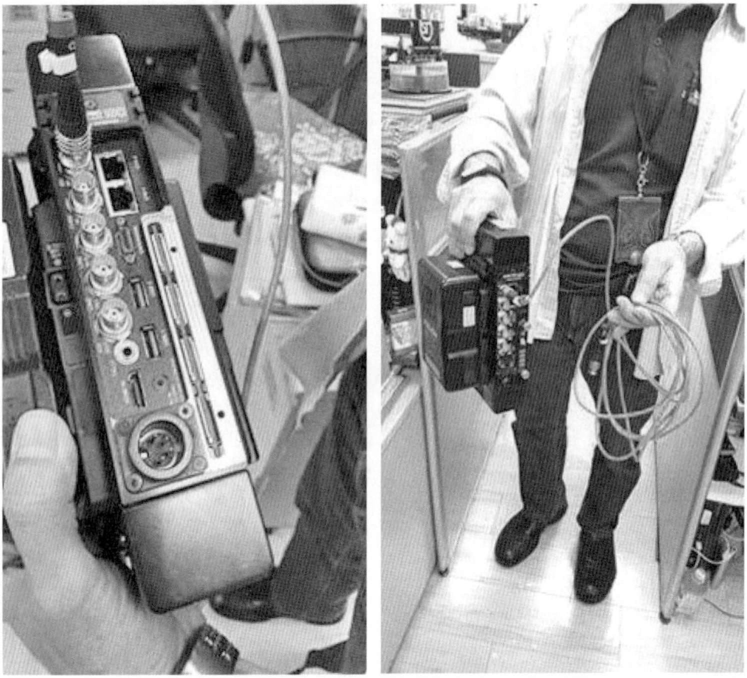

4G包取代SNG車！一個4G包，最多可插八張4G卡，等同八支手機集中起來的功率，在都會區大多可順暢將畫面傳輸回電視台。

異，也許有一天，SNG車可能會永久走入歷史！

第二篇　二〇〇〇年至二〇〇九年

17 王筱嬋與許純美

一九九九年年底，政黨輪替前夕，國民黨選情告急。此時發生一件史上最詭異的政壇緋聞案，時任總統府祕書長的章孝嚴召開記者會，坦承因為「涉世未深」，在晶華酒店簽下一紙「承諾與妻離婚書」而被人拿來勒索，鑄下大錯。緋聞女主角直指女星王筱嬋，但她矢口否認，只提到章孝嚴曾經追求她，並對她說了一些肉麻噁心的話，但她絕非是傳真承諾書給媒體的女主角。當時我還在三立新聞部當社會組副組長，為了隔天新聞現場要專訪王筱嬋，在拿到她手機號碼的當晚，我撥了通電話給她，雙方就專訪內容先行溝通。在那個手機還是Nokia 3210和Moto小海豚的年代，這通電話講的時間之久，差點讓手機發燙到燒掉！電話一接通之後，她對於未曾謀面的男記者問話，自然有所戒心。我說：「王小姐，你害很多小男生莫名其妙去唸軍校，也許毀了人家一生！」

她很訝異地問說「有嗎？」我說：「有啊！我那時唸國中時，看妳演的《少年十五二十時》（台灣第一檔以「中正預校」為背景的軍教偶像連續劇），就跟同學跑去報名中正預校招考，結果因為有近視，體檢沒過被刷下來，回家哭了一夜，現在想想真是好險啊！幸好體檢沒過，不然妳就誤了我一生！」她聽了之後哈哈大笑，話匣子就此打開，停不下來！她開始從暴紅之後的星途、遇過的男人（包括章孝嚴）、感情的不順，鉅細靡遺的說給我聽。很難相信，一個素未謀面的人，卻在電話裡傾吐所有心事給你！當時，我沒有辦法判斷事情真假，我只是強烈感覺到她的內心世界，就像是一座流沙——你想要用力把她從裡面拖出來，卻發現她不但愈陷愈深，而且你自己也有可能被拉進去！

二〇〇三年年底，我已在「東森新聞S台」擔任新聞性節目製作人。當時一則「女童小雲流浪大賣場　母竟有百億身價」的新聞吸引了我，而小雲的媽媽就是許純美。那時，我打電話約訪許純美，請記者做了差不多十五分鐘的追蹤報導，沒想到她不按牌理出牌的講話特性，吸引了觀眾注意，這段報導的收視率衝得特別高！之後，我們又把許純美的故事，擴大成一小時的節目報導，收視率依然強強滾！這段期間，新聞節目報導的約訪和內容溝通，大概都是我用電話和許純美直接聯絡。偶而在半夜準備就寢時，會接到她打來的電話，一講一定是二到三小時跑不掉。我又開始感受到，跟女人講電話講到手機要燒掉的那股強大威力！

阿美姐的特點是，當妳問她A事件時，她會突然又開去講到B和C事件，之後轉回來繼續講A事件，然後再繞到D和E事件，這樣的談話內容轉幾圈後，你會發現，事情好像又回到原點！她也不是要你提供意見，她只是想要有個人可以聽她講她的經歷和委屈。但這樣一番周折，大概整晚也不用睡了！許純美所說的內容，其實和王筱嬋有異曲同工之妙，大多是男人如何辜負她、如何欺負她，她多麼的可憐。我不知道當時王筱嬋跟我說的內容，真實性有多少，但我卻十分肯定，許純美講的，應該大部分是事實，因為她就是一根腸子通到底的人。只是，人都是這樣，對自己要求寬容，對別人要求嚴苛，當感情生變之後，過去所有的優點，現在就會變成缺點！

有一天，綜藝節目製作人沈玉琳到東森來談節目，我和他聊到許純美在新聞性節目似乎是收視率的吸票機，我覺得她還蠻有藝人特質的，只是新聞節目和綜藝節目的表現形式差異頗大，如果她到綜藝節目去發揮，不知是否也有同樣效果？沈玉琳一聽，極有興趣，要我約許純美出來談談。於是，我打給許純美，問她有沒有興趣往「特色藝人」方向發展。一個星期後，《蘋果日報》頭條赫然出現，許純美成為沈玉琳旗下藝人的消息！經由沈玉琳包裝後，許純美第一個上的節目是張菲主持的《綜藝大哥大》。外傳三十分鐘的錄影時間收費近二十萬，該集收視率暴高，甚至打敗同時段吳宗憲的節目。《綜藝大哥大》製作人王鈞高興極了，請沈玉琳跟我說，要大大感謝我這個牽線人。而自從阿美姐紅了之後，電視節目邀約不斷，她也就不曾在深夜打電話給我了。

當時，許純美上遍各大綜藝節目，連新聞台也請她來上現場。有次她來東森錄影，我帶她到化妝室上妝，她眉飛色舞地說：「志明啊！現在我的身價不是人人都請得起的，沒有拿個五萬來，免談！但只有上你的節目，姐姐我免費！不過這話不要讓沈玉琳聽到，因為我跟他簽約了……那個化妝師，藍色睫毛膏不要給我擦掉，我好不容易從昨天留到現在……」然後，我突然看到，也在一旁化妝的一位女主播斜著眼，惡狠狠瞪了她一眼！許純美完全不缺錢，但她就是想要眾星拱月的感覺，人人都說她很紅，她就會高興得翩然起舞！只是，她的話題性和爭議性愈高、上的節目愈多，我的內心就愈不安，因為我完全知道，社會大眾是如何看待她的！或許，當年沒有我的牽線，她仍然會走入演藝圈，但不該由我主動去當這個「推手」。

不到一年的走紅時間，許純美為了「愛情」，主動消失在螢光幕前！後來，又出現了許純美和幾位牛郎鬧翻或被打到鼻樑斷掉的消息，報紙和電視依然熱衷報導許純美的這些花邊新聞！我常在想，接近許純美的人，都想要從她身上得到些什麼。包括我在內的媒體人，希望靠她得到收視率；牛郎希望從她那裡得到名車和金錢；不少觀眾喜歡在電視上看她無厘頭表現，然後哈哈大笑。但許純美自己又得到什麼？名氣、粉絲、收視率、牛郎，不過都是鏡花水月，轉眼是一場空！坐擁百億房產的阿美姐，最後陪伴她的，也只有阿彌陀佛！最近，又聽到阿美姐找到新男友和要參選台北市長的消息，我也只能暗自祈禱：阿美姐，希望妳過得好，不要再受傷了！阿彌陀佛！

18 社會追緝令（上）

在我人生前半段中的媒體生涯中，這一段最難寫！雖然我曾經以「天使與魔鬼的糾纏」為題，把《社會追緝令》這個節目作為我的碩士論文研究題目，但當時我只是以第三者的角度去看一個新聞節目如何產製、爭議與影響，卻沒有寫進我對這個節目的愛恨情仇。如果可以重寫碩士論文，我相信自己可以有更多勇氣面對它，並且把自己真正的想法與感受寫進去！

二○○五年六月二日爆發了「腳尾飯」事件後的幾天，台北市議員王育誠和他主持的《社會追緝令》節目，以及節目播出載體「東森新聞S台」（以下簡稱「東森S台」），成為超級風暴中的最主要目標。報紙頭版標題寫著「腳尾飯影帶造假　受害商家求償六百六十四萬」，東森電視門口戒備森嚴，大批記者在樓下等著東森對這個事件的回應！我當時的職位是「東森S台」副理，《社會追緝令》節目歸我督導，我的手機一整天響個不停，報紙和電視記者要我們立刻給個說明和處置的交待。這些記者群中，也包括了幾位從《社會追緝令》節目離職後到其他電視台任職的記者。我的腦中一直冒出「本是同根生、相煎何太急」的大字！但後來又告訴自己，雖曾是同事，但現在卻必須各為其主，他們的電視台中午就要播出這則新聞，他們有他們的壓力，也不能怪人家呀！那一天，豔陽高照，但我卻一直覺得落地窗外籠罩著強烈低氣壓，整個大樓似乎搖晃個不停……。東森在當天發出的對外聲明稿有二個重點：一是《社會追緝令》節目並沒有播出王育誠自製的「腳尾飯」相關模擬新聞片段；二是為顧及社會觀感，《社會追緝令》節目自六月八日起停播。不過，有人似乎並不打算就這麼放過我們，一場更大的災難即將降臨……。

說到我和《社會追緝令》節目的淵源，必須溯自二〇〇〇年十月「東森S台」的開播，當時，我從三立新聞部跳槽到「東森S台」。而到新開播的電視台有二個好處：一是薪水可以立刻往上加，二是沒有「老鳥欺負菜鳥」的問題，因為大家來自四面八方，每個人在這個電視台的資歷都是從零起算。「東森S台」成立，其中最亮眼的招牌，是從中視《社會秘密檔案》挖來的主持人王育誠，並且製作週間每晚九點播出的《社會追緝令》節目。同時，這個節目配備有十幾組記者，可謂陣容龐大！過去，中視《社會秘密檔案》只是個塊狀節目，因為收視率屢創新高，使得這個節目和主持人王育誠受到中視高度重視！現在，它搬到「東森S台」之後，變成一週播出五天，而且是進駐晚上九點黃金時段的帶狀節目，可說是未演先轟動！

但一開始我並不是在《社會追緝令》節目，而是在「東森S台」的新聞專題組，製作晚間新聞《熱線報導》所需的新聞專題和系列報導，職稱是「執行製作人」，也就是「副製作人」的意思。作為電視資深專題記者有個最大的好處，就是不需要面對跑「每日新聞」那樣大的壓力，而且採訪題材大多可以自由挑選。當時的我，其實是愉快而充實的！為了採訪監獄系列，我和攝影記者捨棄採訪車，選擇扛著攝影器材搭乘自強號，走訪全台灣七、八個監所，晚上就住在監獄裡（其實是監獄的招待所，給來視察的長官住宿用的）。也曾到過中、越邊境採訪高山上的少數民族，但一到山頂的小村落，我的高山症就發作了，躺了一整個晚上，動彈不得，隔天才能下床。在雲霧繚繞的山城中採訪少數民族，幾乎看不到來人的臉，也十分有趣！這段期間，日子過得平靜而充實，因為我不是公司裡的要角，我只是個聽命行事的採訪記者，所以沒有人會有興趣來針對我，或把我視為眼中釘。不過，好日子總是特別的短，《熱線報導》因為收視不佳，隔年年中就被公司停播，五位資深文字記者中，因為我曾經跑過社會新聞，所以我就被王育誠選進《社會追緝令》節目，成為這個節目的一員，也就此展開了我充滿挑戰與驚濤駭浪的人生難忘一頁……。

二〇〇一年東森S台《熱線報導》時期，筆者（上圖右二）與攝影記者彭德裕（上圖右三）赴中、越邊境少數民族村落採訪。

19 社會追緝令（下）

由王育誠主導下的《社會追緝令》，是一個封閉而獨特的新聞節目製作單位，跟我所待過的新聞媒體完全不一樣。它的運作、規則和節目製作、剪輯、呈現，都有一套自己的邏輯。《社會追緝令》的影帶剪輯模式，我把它稱之為「影像電擊」，那是王育誠在《社會秘密檔案》中獨創出來的節目剪輯風格。它的概念是：影片的開頭運用電影手法，製作一小段懸疑、驚悚或炫目的開場，用以在最短的時間吸引觀眾加入收看。在剪輯過程中，當你預期觀眾對於敘事內容有可能已經開始疲乏之時，就要立刻插進一段有爆點的影像或MTV作為轉場，以便將觀眾的注意力再度拉回節目內容，而不會立即轉台，這是《社會追緝令》節目與其他新聞性節目在影像呈現和剪輯手法上最大的不同！

《社會追緝令》的節目風格，一般電視批評者或監督者，說它是「羶、色、腥」的電視節目代表作。在新聞學術上，它呈現的是一種電視媒體「感官主義」的特點，許多傳播學者也曾就這種特點，對《社會追緝令》節目進行研究。《社會追緝令》確實著墨於「情色」、「暴力」和「靈異」很深，這是它的節目特色，過去也曾讓許多電視節目監督團體看不下去，甚至氣到跳腳！但是，這個節目又有「調查報導」和「關懷社會」的面向，例如揭發病死豬、黑心油買賣、教養院虐待事件以及關懷獨居老人，也獲得相關單位多次的頒獎。所以我的碩士論文題目用「天使與魔鬼的糾纏」來詮釋這個節目，因為它同時觸及社會黑暗和光明的一面，如同天使與魔鬼同時存在一個軀體裡面。這個節目雖然已經停播十幾年了，但我覺得它的獨特性和爭議性，至今國內依然沒有任何一個電視新聞性節目可以與之相提並論！

二〇〇一年我進到這個節目不久，王育誠就開始推「突擊」系列。這個系列，讓《社會追緝令》節目風格更加鮮明，但也更加具有爭議性！王育誠要求，每一個《社追》記者都要從三種突擊採訪中，挑選一種去執行：1.突擊鐵飯碗。2.突擊路霸。3.突擊墓仔埔（靈異題材的一種泛稱）。第一種「突擊鐵飯碗」，鎖定上班摸魚、翹班的公務員和警察進行突擊式採訪，攝影機所到之處，公務員是雞飛狗跳、哀鴻遍野！許多公務員和警察溜班被逮個正著，在攝影機前閃躲、尷尬、暴怒、拍打攝影機反應，可說是無所遁形。影響所及，許多公家機關繃緊神經，嚴防《社會追緝令》記者來突擊採訪，甚至要求警衛，如果看到有狀似電視記者的人進入，就要立刻通報。而電視觀眾卻十分愛看公務人員在電視鏡頭前出糗！因為一般民眾認為，許多公務員摸魚打混成習慣，主管也放任這種歪風，他們早該得到教訓！所以，當時觀眾的反應也是兩種極端，有觀眾來信或來電，認為電視記者侵門踏戶欺負公務員，應該被譴責或制止；而有更多的觀眾，則是為《社會追緝令》記者揭發公務員上班摸魚的行為大聲叫好。

系列的第二種是「突擊路霸」，鎖定占用人行道和車道的商家、攤販和住戶進行無預警式的突擊採訪。而不管是「突擊公務員」或「突擊路霸」，記者所使用的一種緊追不放、死纏爛打的採訪方式，在新聞學上的正式名稱都叫「纏擾式採訪」，我個人認為，《社會追緝令》記者是：「既突擊又纏擾」。同時，「突擊路霸」系列的記者，對於違規商家或店家，採用的是一種挑釁式的問話語氣。攝影機打開、麥克風一伸，記者就針對鎖定目標進行問話：「請問你們都是這樣違規營業嗎？」「你們這樣占用馬路，不知道行為違法嗎？」有些違規店家自覺理虧，會對攝影鏡頭左閃右避；有些則是立刻向記者道歉；有些店家就會惱羞成怒，和採訪記者爆發衝突，甚至動手推攝影機或毆打記者，而這些衝突畫面，也成為節目最大的賣點或爆點！但是，對於這樣的發展，我始終是有點憂慮的，因為有些人被激怒之後，有可能會失控傷害記者，而記者進行這種「纏擾式採訪」，也等於是把自己置於危險境地！

我的臉皮比較薄，所以我只能挑選第三種「突擊墓仔埔」去執行，也就是靈異類的議題。那段期間，我採訪了全台灣的「蔭屍地」和許多與靈異有關的社會刑案。有一次和攝影記者去採訪彰化洪若潭滅門案凶宅，那時凶宅剛被一名姓李的醫師買下來。採訪結束後，李醫師說：「今晚你們二個就睡主臥房，看看男女主人會不會回來找你們託夢，說點連警察都不知道的案情！」我說：「好啊！攝影機就架在床頭，搞不好還能拍到靈異畫面呢！」夜愈來愈深，我和攝影記者在主臥房裡呆著，連眼睛都不敢閉，「我們今晚真的要睡在這鬼屋嗎？」愈想心裡愈發毛，後來我還是聯絡了駕駛，把我們送到鎮上的汽車旅館去睡！而那個時期經常與我們合作出外景錄節目的命理老師，後來也都變成現今的「命理大師」！

由於「突擊」系列受到觀眾歡迎，於是王育誠又開了另一個姐妹作：《戰警急先鋒》節目。當時，《戰警》節目的女主持人穿著一身雪白，像是海軍一樣的訂做制服作為開場，令人印象深刻。由於我在《社會追緝令》製作的單元收視率表現不錯，新節目就調我去當製作人，並且更加著墨於社會刑案、突擊警察、突擊路霸的內容採訪。「突擊警察」單元引起警政署的重視，並且下了公文，只要被攝影機拍到上班摸魚或者在鏡頭前丟臉，就記一次申誡。這個懲處令下來，許多分局嚇壞了，紛紛邀請我去對警察演講。我記得我去過板橋分局、新店分局和三重分局，講題大多是「如何做好媒體公關」。教戰守則第一條是：「如果你被攝影機逮到摸魚，千萬不要立刻暴怒，因為記者就希望你這樣……。」有次我騎摩托車出門被警察臨檢，什麼證件也沒帶，這位警察注意看了我很久，我還以為自己闖了什麼禍，然後他展開笑容客氣的說：「老師！我有

二○○三年「東森新聞S台」時期，《戰警急先鋒》節目播出一週年慶。

在分局禮堂上過您的課，您可以走了，路上騎車小心！」當時，我真是覺得尷尬到想要鑽到地洞裡！不過，突擊系列如同二面刃，許多公家機關開始進行抵制，不讓東森記者進入採訪，因此波及「東森新聞台」線上記者，他們對《社會追緝令》記者非常痛恨，在當時是可以明顯感受得到那股內部反彈情緒！

後來，《社會追緝令》及《戰警急先鋒》節目都是由我擔任製作人，主持人王育誠因為選上台北市議員，所以辭掉了「東森S台」的行政職務，一週只來錄影主持一次，不像以前可以把所有心力都放在節目上。二〇〇五年發生腳尾飯事件前，我已經由製作人晉升為副理，但仍負責督導《社會追緝令》節目。腳尾飯事件後，《社會追緝令》停播，將近四十個記者各奔東西，有人調到新聞台，有人請調到購物台，也有人離職、跳槽。表面上，《社會追緝令》解體了，但它在血肉紛飛後，又逐漸的在各個新聞台開始重組生命！過去的《社會追緝令》記者，許多都已是現今電視新聞台的主管和新聞節目製作人，當一些新聞專題和新聞節目內容出現《社會追緝令》式的「影像電擊」剪輯風格時，我就會知道，這是出自於過去《社會追緝令》的記者之手！

在本書的附錄中，我把《社會追緝令》節目，從它的前身、發展、爭議、批判、貢獻、影響，作了一次非常詳實的總整理。我沒有參與《社會追緝令》的崛起，但我見證它的輝煌與毀滅時刻；我沒有參與腳尾飯事件，但我也不能說，節目造成這麼大的負面效應和「東森S台」的被撤照，我自己都沒有責任！我必須坦然的面對這一段過去，因此，寫了這本回憶錄，也正是我對於自己新聞工作歷程的一種檢討和反思。如果時光倒流，那麼我是不是可以在新聞節目的品質控管上，更加的嚴格把關，而非以收視率作為優先考量？唯有痛定思痛，我才能在未來的新聞和節目的守門工作上，善盡自己的職責，並且不再犯同樣的錯！

20 東森新聞S台撤照事件

腳尾飯事件造成了《社會追緝令》的被停播，使當時政黨色彩鮮明的某電視監督團體，立即找到了一個開鍘的好理由！他們對外放出了「不只國會亂源要減半，劣質電子媒體也要減半」的訴求。末代新聞局長姚文智也贊成「媒體減半」，於是新聞局在裁撤前，上演了一場血腥的「媒體大屠殺」！當時《聯合報》報導：「一個新聞局長的手裡，就能讓一家電視台熄燈關台！……媒體屠夫姚文智隻手遮天，想起來令人不寒而慄。」（聯合報，二〇〇八、十一、二十一：A2版）

曾經身為《社會追緝令》節目的一員，十多年來，我們都把腳尾飯事件、《社會追緝令》停播、東森新聞S台的撤照，當做是一個人生的創傷或是傷口，並且封藏在內心的最深處。但是，如果經歷過這個事件的人，沒有回過頭把傷疤揭開來，重新檢視它、面對它，這種創傷是永遠不會好的！二〇一〇年我把《社會追緝令》當做碩論題目時，也是有這種反思的意味，只是當時我還是不敢真正面對它，把自己當成是不相干的研究者。在寫碩士論文時，猶豫著要不要把撤照事件這一章放進論文中，因為它牽涉廣電法令和政府對電視媒體的規管問題，幾乎可以再另外寫一篇碩論。後來我在碩論中還是保留了這一章內容，結果被口試委員罵，資料太多塞在一起，讓論文結構變得鬆散。不過，也因此留下許多珍貴資料，作為電視媒體發展史的最佳見證！

當時腳尾飯事件的模擬影帶，完全沒有在《社會追緝令》節目播出過，那是王育誠用來作為議會質詢之用的畫面，但因為他是《社會追緝令》的主持人，所以他主持的節目和播出節目的電視台都在風暴中首當其衝。新聞局的恐怖政策是：「一人獲罪、滿門抄斬！」東森新聞S台不是只有《社會追緝令》這個節目而已，但是當握有權柄的人殺紅眼後，這個電視台的所有節目便一起被賜死！更誇張的是，為了賜死一個新聞台，末代新聞局怕外界議論「撤照只是針對東森」，還拉了「龍祥電影台」、「華爾街財經台」、「蓬萊仙山」、「歐棚」等六個頻道進來陪葬，所以總共有七個頻道一起被撤照。當時《蘋果日報》的社論就曾預言：「菁英主義的觀點總認為通俗大眾的節目意味著低級、迷信、無聊，必禁之而後快，但品味低俗並不犯法，也屬於憲法保障的表意自由範圍……」（蘋果日報，二〇〇五、八、二：蘋論）。果然，不到一年，末代新聞局的撤照令，就被行政院判定失效。雖然姚文智一再說，撤照不是我一個人決定，而是「換照審議委員會」的共同決定。但從意識型態理論來看，握有大權的政府機關，想要達到目的，其實有很多種不著痕跡的做法，而且也不用自己開口，有些人就懂得怎麼做了。更何況，新聞局這件事處理得太粗糙，於法、於理都站不住腳，「換照審查委員會」為新聞局背書，反而讓自己也陷入輿論指責的風暴之中。因為撤銷一個新聞台執照，是很敏感而且嚴重的事，在國際間都極為少見，因此當時不但國內媒體譁然，也引來許多國際媒體的關切！

我非常清楚的記得，二〇〇五年八月三日二十三點五十五分這個時刻，我在三重湯城東森的主控室，看著「東森新聞S台」最後五分鐘的生命倒數計時。當時播出的節目，是林青蓉主持的《青蓉K新聞》。節目一播完，台長李惠惠率領所有主播、主持人和主管，在現場直播鏡頭前感謝觀眾多年的支持，大家後會有期！那時真是心如刀割，但是卻不能哭出來，因為我還得監督著把播出訊號交給接替這個頻道的一個釣魚節目。主控和副控導播共同大喊著「5 4 3 2……change!」「東森新聞S台」的LOGO瞬間消失，接替頻道「Super X台」LOGO替換上來，釣魚節目的片頭順利銜接，「東森新聞S台」就此走入歷史。那天在回家的路上，感覺靈魂整個被掏空了，分不清滴在臉上的是雨，還是淚！

二〇〇六年二月和四月，龍祥和東森申訴成功，行政院撤銷了末代新聞局的原處分，龍祥向姚文智求償十八億損失，東森則要求國賠三點七億。台北地方法院一審法官直指，撤照是政治考量而非專業考量，且「未來要避免政治勢力用各種藉口、理由打壓、箝制或干涉新聞自由」。國賠案幾經上訴改判，當然這筆損失的錢，電視公司恐怕是很難拿得回來的！而「東森新聞S台」復播之後，歷經幾次改名，成為現今的「東森財經新聞台」。平心而論，末代新聞局的撤照令，出現最重大的行政瑕疵是「就地正法」。二〇〇五年七月三十一日，新聞局決定「東森新聞S台」不予換照，八月二日公文才寄到電視台，八月三日凌晨零點就被強制切斷播出訊號，時間一天都不到。這種「先斬再說」，連給人補救和安排員工去處的機會都沒有的粗暴做法，在民主國家極為少見！而後行政院和法院也都認為，新聞局撤照理由並不充分，因此判決末代新聞局撤照命令違法失效。

二〇一〇年，剛成立的NCC（國家通訊傳播委員會）為了立威，也挑了「年代綜合台」進行撤照處分。但「撤照」這種極端手段是七傷拳，傷人也同時傷己，主管單位如果在處理上有行政瑕疵，更可能搬石頭砸自己腳！「年代綜合台」之後，至今沒有再看到有電視頻道被NCC撤照。現在，我們再回頭看看新聞局當時的「新聞媒體減半才能治媒體亂象」政策，也是十分愚蠢而可笑的！事實證明，新聞媒體亂象的控制，靠的是媒體自律組織和機制的運作日漸成熟，而非主管單位的嚴刑峻罰和寒蟬效應。如今新媒體、社群媒體和自媒體開創傳播新時代，台灣仍無一套完整的數位匯流管理機制，有線電視、MOD、OTT規管各有不同，同時「總部設在境外的網路媒體無法可管、即使有法也管不了」。所以，現今臉書和網路詐騙廣告橫行，政府也無可奈何！這時候怎麼沒人出來喊：「網路媒體減半才能治網路亂象？」

這些年來，我經常問自己，我們這些《社會追緝令》節目的記者，到底做錯了什麼？節目的停播和電視台的撤照，是我們造成的嗎？這些問題似乎也成了大家的禁忌！即使過去《社會追緝令》的記者現在偶爾會有聚會，但彼此間，也會有默契的不去討論或觸碰這個令人感傷的問題。不過這個事件、這個創傷，它終究要重新打開來檢視和回顧，並且重新的認識與賦予意義，才能讓我們繼續面對未來更多的挑戰！當然，事情發展到這個地步，我自己也有責任，而這個重大打擊也更警惕我，對於新聞節目的品質和內容把關要更加謹慎！而後，我在東森陸續開了《台灣啓示錄》、《現代啓示錄》、《進擊的台灣》、《台灣大代誌》等節目，觀眾回饋和收視率表現都是朝正向發展，這些節目再也沒有被電視監督團體列入「劣質節目」檢討過。因為我們把《社會追緝令》的獨特敘事表現和剪輯手法留下來，而揚棄了它的「羶、色、腥」成分，《社會追緝令》不是我們永遠的恥辱，而是我們藉由它，浴火重生！

21 一場美麗的邂逅～東森原民台

二〇〇五年八月三日，「東森新聞S台」被末代新聞局撤銷執照，我還來不及悲傷和憑弔，又聽到另一個嚇壞我的事。長官告訴我，公司「標到」原住民族電視台，所以我要立刻調到原民台去當副台長。我完全聽不懂，「標到」是什麼意思？以前常聽到公司業務單位，標到公部門的演唱會或活動轉播，但那只是一次性任務而已，這次是「標到一個電視台」，那感覺就像是去海邊釣魚，卻釣到一頭座頭鯨回來那樣的令人驚嚇！我跟長官說：「您嘛幫幫忙！我連台灣原住民有幾族都搞不清楚，要我去當副台長，不就是讓我去給人笑掉大牙？」長官說：「沒那麼嚴重啦！因為行政院原民會沒有經營電視台的經驗，所以用標案形式讓商業電視台『代營運』新成立的原民台。我們的責任是把經營電視台的經驗傳承給原住民媒體工作者，並且訓練原住民電視人才，而你就是去扮演原民會、原民台和東森之間的溝通橋梁。」所以，我就這樣，一知半解的去迎接原民台從台視移轉到東森。

後來才知道，事情沒那麼簡單，這當中有委託單位原民會的意志，有原住民族主體性問題，有原漢衝突的歷史傷口和種族意識型態問題，有商業台和公共（族群）頻道的基本差異問題，可以說處處有「雷」。

詮釋學所強調的重點是「視域融合」。當我們接觸到一個自己不了解的文化時，我們經常會用自己的經驗累積成的想像，去詮釋對方行為的意義，但在那樣的視域下，我們看到的是自己偏差的想法或是自以為是的解讀。唯有站在對方的角度、立場和歷史、文化背景去考慮，我們才能比較清楚的看到對方生活的真實世界。而今我也比較能體會「視域融合」的意思，雖然我永遠也不會是原住民，但我可以知道，他們為何對於某些漢人的價值觀、使用的字眼和形容詞相當反感；他們講的笑話到底真正的笑點在哪裡？還有，哪一些玩笑話，只有原住民之間能說，漢人即使和原住民朋友再熟，也不能從自己口中說出來，否則就會傷及尊嚴。這些細節，其實需要長時間的相處和磨合才能漸漸了解。也許，原民台標案形式的代營運設計，一開始就是個錯誤，但沒有實際運作，也不會知道有這麼多原漢間的文化和觀念的衝突存在。過去，大家習以為常的事，在原住民主體性浮現的翻轉時刻，踩到地雷、引發外界批評也是常有的事。

比如，那時候舉辦第一屆原民台歌唱比賽，當指定曲公告時，立刻引發一些原住民朋友的投書反彈。他們認為：〈梨山痴情花〉、〈烏來山下一朵花〉，這種帶有嚴重物化原住民女性，表現出掌權者沙文主義的歌曲，為何可以列為指定曲，還在原住民頻道播出，實在令人難以接受。我當時完全沒有想到它的嚴重性，只是覺得，這些歌不是大家從小聽到大的嗎？而它的確就踩到了原住民主體性的地雷。但是，還有哪一些歌曲是帶有歧視原住民女性意涵的呢？為了怕再踩到下一個地雷，於是只好規定，只要歌詞裡面有出現「花」字的，都不能列為指定曲。這樣一來，梅艷芳的〈女人花〉不能唱，校園民歌〈蘭花草〉、民謠〈茉莉花〉，都不能唱。這個決定在當時無疑是矯枉過正得太可笑了，但也說明了，不了解原住民的文化下，「代營運」族群頻道的一種手足無措。

不過，這樣的摸索過程中，也不是毫無建樹。二〇〇五年時，原民會已經開始推廣「族語認證」考試制度，原民台也應配合政策，扮演教育和推廣說族語的責任，所以「族語新聞」的規劃是勢在必行的。但當時編制內只有四名阿美族、泰雅族和排灣族的族語翻譯員，他們的功能是，當受訪者用族語接受記者採訪時，族語老師要把這段內容翻譯成中文，那時根本還沒有「族語主播」這個職稱。當時的執行長李惠惠想到了，乾脆把現有的族語翻譯員直接變成族語主播。於是我趕快把這個好消息告訴族語老師們，結果他們「一片靜默」，每個人都露出驚嚇表情。之後，就進行二週密集的播報訓練，然後，很快的把他們推上主播台。其實，「上主播台」需要有很大的勇氣和一段時間的紮實訓練，當時的做法，對他們的確頗為殘忍。在強大壓力下，有人失眠、有人狂哭、有人要辭職，還有人播到一半昏倒送醫……這樣的倉促成軍，也成了原民台族語新聞的最早雛形。

二〇〇五年九月，「新聞的晚安」（晚間新聞）中，首次以「國語、族語」雙主播的模式呈現。當天首播結束後，包括主播、族語老師、副控工作人員及年輕一輩的採訪記者，都激動得哭了，我還不太知道大家為何落淚，不就是一次播報嘗試而已？當天才知道，原來過去原住民族語長年被執政者壓抑「不准說方言」，而現在，族語「竟然可以」在全國性電子媒體上大聲說出來，這對原住民族來說，是歷史性一刻，意義非凡！而今，族語新聞的運作已超過十二年了，最早的這些族語老師也成了原民台「鎮台之寶」。現在，當我們聚在一起，總是會聊到剛開台的那些糗事，然後大家笑成一團。「族語主播組」的成立，也成為我們最美的回憶之一！

另外，商業電視台在新聞處理上的快速反應和具有效率特性，也傳承給當時的原民台新聞工作者，而今他們都已是原文會的高階主管。相信當時的扎根工夫，對他們新聞工作和經驗歷練，應該具有一定的幫助。

原民台在東森的時間只有差不多一年半，但對我的人生來說，卻留下一頁美麗的回憶！原住民同仁非常好相處，而且天性樂觀、歌喉又好，每個人幾乎都歌藝雙全、身懷絕技，很少有人像我一樣，是歌、舞、獵都不通的「白斬雞」漢人。和原民台同仁在一起的時刻，我慢慢領略各族文化的特性和差異，而他們對我的真心關懷和友誼，有時也會讓我忘記自己是漢人身分，說話常會出現「我們的族人……」，久了之後，大家好像也經常忘記，我是漢人。但無論如何，我謹守一個分寸，那就是無論我們之間有多熟，在對外場合，我都不能替原民台或原住民族代言，即使我是這個台的副台長！因為那牽涉到的是，原住民主體性的嚴肅問題。所以在部落辦活動時，我都儘量把自己隱藏起來，而且絕不上台講話，因為那不是我該說話的時候。二〇〇六年底，我依依不捨的把原民台移交給公共電視！

後來，有次在台北街頭碰到一位族語老師，她說：「副台長，我有時候會想念你到哭捏！」我相信，那是她真心的感受，我又何嘗不想念大家呢！不過，緣滅之後，也是緣起的開始。二〇一六年年底，接到一通久違的原住民朋友電話，他說：「第三屆原文會董事的補選作業今天就要截止了，你有沒有興趣？要不要趕快把資料填一下……。」於是，思念老朋友的心，促使我在報名截止的最後一刻，八百里加急，把文件送到主管單位手上。就這樣，再度連結我和原民台的緣份！

二〇〇五年東森原民台時期，主播谷辣斯（左一）、比恕伊（右一）、台長瑪拉歐斯（左二），爲氣象主播俞川心（右二）獻上烤豬請益。

二〇〇五年東森原民台時期之族語主播和新聞主播群。

二○○六年東森原民台移轉至公視前，最後一節新聞收播後，副控室工作人員留影。

22 被告上法庭

收到地檢署和法院傳票，總是令人驚嚇和沮喪，不過多收到幾次之後，好像就覺得也沒那麼嚴重了！在媒體界近三十年，因為自己處理的新聞內容直接遭到控告的，只有在報社當記者被桃園女議員控告那一次。但那時連被檢察官傳喚都沒有，就直接收到地檢署「不起訴處分書」，可能檢察官也覺得議員控告理由牽強，所以不經傳喚程序就結案了！不過，因為擔任新聞主管或新聞節目製作人，而收到存證信函、律師函、地檢署和法院傳票，那次數可就不少了。

早期如果被告出庭，沒有被收押或交保，那時我們的新聞用語都是寫「飭回」。飭回，是什麼意思呢？就是「我問完了，你可以滾回去了！」這種司法新聞用語充滿了官僚味道，於是後來新聞用語都改為「請回」。平心而論，新聞或新聞節目會遭到控告，大多是因為沒有盡到查證或平衡報導之責，為了一時搶快或搶獨家，在還沒有完全查證完成的情況下就播出，所以就容易遭到被報導者控告！其實，台灣法律對於媒體報導的內容還是算比較寬容的，比如已不再發行實體刊物的某週刊，在他們的報導中，經常以十分之九的篇幅在敘述跟拍名人出軌或涉案的過程，最後只留十分之一的一塊小小版面給當事人澄清或說明。其實只要週刊能證明報導內容「部分為真」，加上他有給當事人「小小的平衡版面」，那麼這篇報導要被告倒，機率就不大。因為提出告訴的人，必須證明媒體對他的報導具有「惡意、故意、非出於善意且完全未盡查證之責」，其實並沒有那麼容易。所以媒體挨告後，完全敗訴的機會也是會有，但是比起獲得「不起訴」或「無罪」的機率，其實還是少很多的。認真比較起來，媒體對於「侵權」的被告，比起「誹謗」，更容易敗訴，因為「侵權案」經常是一翻兩瞪眼，而「誹謗案」，可能到了法庭還有得辯論，輸贏未定。還有，媒體被告上法院之後會不會敗訴，有時還得要靠「運氣」！

基本上，司法官對於媒體有三種態度：一、充滿興趣與好奇，且是某些節目的粉絲。二、完全或極少看電視，對於媒體運作十分陌生，但也沒有對媒體有太多預設立場。三、認為媒體是社會亂源，是資本主義下的邪惡產品，所以印象極差。二〇〇二年，我剛到《社會追緝令》當製作人時，有一次因為「突擊系列」的報導內容，被當事人控告妨害自由。我和被告的採訪記者一起到地檢署報到，當時我們這一案排在下午四點開庭，是當天的倒數第二庭。輪到我們開庭時，檢察官一臉嚴肅的說：「你們這個案子換到最後一庭好了，我想多花點時間了解！」我和記者面面相覷，心裡想說：「死定了！」然後我們又被請出法庭，坐在門口心情沉重的等待檢察官傳喚。好不容易到了下午四點半，終於輪到我們了！一進法庭後，我就發覺剛剛那種肅殺的氣氛不見了！感覺這位男檢察官好像大大的鬆了一口氣，泡了一杯茶在家等著看電影台的那種感覺。檢座綻開笑容說：「我看你們那個節目的突擊系列很有趣耶！追著違規車主和攤販不放，連法官下班搭公務車也給你們追著到處跑，哈哈！你可以說說，你們這些新聞線索都怎麼來的嗎……」原來碰到了節目粉絲了，今天真是太走運了！我們在法庭和檢座「聊」了節目製作過程快一小時，一直到法警來催，說地檢署要關門了，檢察官才依依不捨的放我們離開。臨走前，檢察官終於想起來我們是最後一庭的被告，於是微笑丟下一句：「你們的案子不用太擔心啦！」然後轉頭就走。隔了幾週，我就收到這個案子的「不起訴處分書」。

二〇一一年，我又以另一個節目製作人的身分收到法院傳票。這次告我們的人大有來頭，是赫赫有名的某集團大老闆，他聘請的也是專門對付媒體頗有經驗的大律師，可說是來勢洶洶！對方自訴狀寫的內容是：節目報導過去某個轟動社會的經濟犯罪案時，未經查證，對當事人多所「惡意誹謗」！由於這個案子是自訴案，於是一開庭就是在法院，跳過了地檢署程序。許久沒有跑司法新聞，到庭報到那天，我發現法院的法官位子愈坐愈高，和原告及被告的距離也拉長了。聽說是因為曾有被告攻擊過法官，所以調整了法官在法庭座位，感覺比以前更具「威嚴」了！負責審我們這個案的女法官很年輕，似乎剛畢業沒多久。法庭攻防開始，在原告律師指控我們許多罪狀後，接著由公司律師和我進行答辯。法官問我，被控告的這個節目產製流程和內控機制如何建立？我很認真的解釋半天，但我發現女法官皺著眉頭，一臉茫然，好像我說的內容對她來說是天方夜譚！法官聽完後說，我沒有講到她想了解的重點，於是我又再解釋一遍，法官的表情從茫然轉為不耐煩，我心裡又升起不祥的預兆：「慘了！她完全不知道我在說什麼！」這時候，我心裡也在OS：「如果司法官訓練過程，有一堂媒體相關課程是列為必修，不知道有多好！」

不過，如同剛剛我說的，要證明媒體「惡意誹謗」或「非出於善意報導」，也不是那麼容易，因為大老闆涉及經濟犯罪入獄是事實，只是節目在報導涉案過程中引用了一些過去媒體的報導內容，被對方認為非出於事實。對於節目本身來說，報導內容也不是完全無所本，只是應該更周延一些，讓對方針對這個舊案，有再一次澄清的機會。後來這個案子，雙方律師在協商後，結論是「各退一步，達成和解」，對方撤告後，我也就不用再跑法院了！

還有一個我印象十分深刻且有趣的事！十多年前，有個男記者因為報導的內容被告，案子在地檢署時，這位被告的男記者自己出庭答辯。等案子到了地方法院後，控告他的老闆發現，被告記者的性別，竟然從「男」變成「女」。這位老闆一臉不可置信地說，明明在地檢署出庭的是個男記者，怎麼到了法院後，被告變成是個女的？老闆並且很粗俗的告訴他友人說：「如果這個記者變成女的，我就X死她！」結果開庭那天，在法庭走廊，原告和被告碰面了。被他控告的男記者，真的成了長髮、身材婀娜多姿的「女記者」，連聲音也都變成了女生的嬌柔嗓音。她踩著高跟鞋，慢慢走過來，一手靠在原告肩上說：「老闆，聽說你要X死我啊……我等著呢！」原來在這過程中，男記者去泰國完成變性手術，真的成了女人。結果那位告人的老闆嚇得眼睛和下巴都一起掉了下來，喃喃自語說：「好男不跟女鬥，我撤告了，總可以吧！……」這位「女記者」在離開媒體圈後，現在成了泰國和台灣之間的專業女導遊，或許下次到泰國旅遊時，可以找她安排行程呢！

23 一個社會記者之死

二〇〇二年十月，世新三專編採科同學會在陽明山舉行，那個聲如洪鐘、有他在就歡笑聲不斷的黃衣大個兒叫「阿寬」，莊裕寬——我的同學，《自由時報》台北縣（今新北市）的警政線記者，新聞同業叫他「史瑞克」。「今天我們聚在這裡開同學會，還有一件事要慶祝的，那就是我們同學許志明，弱雞變成猛男啦！哈哈哈……」當時在我看來，畢業了十四年，他仍是如同在學校一樣，是個愛耍寶的純真大男孩，一點也沒變！

二〇〇五年四月，我到台北第二殯儀館送他最後一程！大個兒西裝筆挺，躺在棺中沈沈的睡去，面容安詳。這樣的安靜，完全不像他的個性！我不知道人世間是否還有他眷戀的人和事？我也不知道，他是否曾後悔當一名跑社會線的報紙記者？因為正是身為社會記者，而讓他這麼快的離開人世。他的徒弟在祭文中寫下這麼一段：「如今他安息了，希望他在另外一個世界，可以不必當記者了……」

當時，在靈堂外，新聞同業出了一本藍色的小冊子來紀念他，標題是「衣帶漸寬終不悔」，內容集結了許多他所熟識的朋友、長官、同事寫的懷念文章。多年來，這本小冊子始終鎖在我的書櫃深處，我不太敢仔細看它，因為有幾年的時間，我也是報紙的警政線記者，那些文章所寫的阿寬跑新聞模式、他所經歷的愛恨情仇，都讓人覺得是那麼樣的熟悉。每看一頁，就不斷的讓我感到刺痛！是的，就像是針扎在心口的「刺痛」！如今，我再度翻開這本小冊子，但願我能從中理出一個頭緒，或許，這也是我所能紀念他、不讓他堙沒在新聞洪流中的一種方式！

從眾多新聞同業寫的祭文中，我看到了一個有別於學校時憨厚、不拘小節、愛搞笑的阿寬。他在警界和新聞界的影響力令人驚嘆，呈現出的是另一個血性、霸氣、重義氣又充滿江湖味的阿寬。他幾乎把刑警隊當做是自己的家，深夜的酒攤，一向是他和警界、工商界人士建立交情的地方。一開始可能是為了跑新聞所需的布線，但是時間久了，深夜的豪飲，竟也成為了一種日常！但他卻是這樣告誡自己的徒弟：「不要看我常喝得醉醺醺，這只是跑新聞的一種手段，記者要有所為、有所不為！」可見，阿寬還是非常清楚一個社會記者的分寸該如何拿捏。把警察當自己兄弟的阿寬，他所建立的警界人脈既深且廣，在當時的「台北縣」已成媒體的一方之霸，新聞的傑出表現和追到同報社的「將軍之女」，應該是他此生最快樂的一段日子！當時，許多新聞後輩搶著當阿寬的徒弟，因為在江湖道上報一聲：「我是寬哥徒弟」，跑新聞是非常吃得開的！

但是，後來女方的家長反對，硬生生拆散這段緣份。而重義氣的他，有時為了怕新聞同業被長官修理，寧可放棄一些到手的獨家新聞，這讓報社非常不諒解他。終於，阿寬離開了他最深愛的報社！他叫徒弟捧著他的辭呈，拿去報社給長官，徒弟在他面前痛哭失聲，希望師父能夠回心轉意，但仍無法改變他要離開這家報社的決心。轉戰《蘋果日報》之後的阿寬，更加無法適應這個報社的風格！記者和警察之間的相處模式，坦白說，本就是亦敵亦友。當警界出事之時，《蘋果》的風格絕對是窮追猛打、毫不手軟，這使得把警察當兄弟的阿寬非常不能接受，他說：「朋友和工作，我當然選擇朋友，因為兄弟是永久的……」，一年後，他又離開了《蘋果日報》。事業不順利，偏偏又在此時，他檢查出有肝癌，十多年的酒攤生涯和日夜顛倒，成為急急如律令的催命符！

二〇〇四年年底，我和許多同學到板橋看他，我們心裡都明白，這可能是最後一面了！但在那樣病痛纏身的氣氛下，他還是不忘在病榻上搞笑。他一向就是那樣不喜歡嚴肅和悲傷的人！我常常在想，如果他跑新聞不要那樣認真，如果他不要常常把刑警隊的沙發當做自己宿醉的家，或許，他今天還活蹦亂跳的和我們開同學會呢！酒，拉近社會記者和警察的距離，但如果沒有節制，也可能一點一滴的侵蝕記者的身體。嚴格來說，這應該也算是一種職業傷害吧！

阿寬是正義感很強的人，他認為既然警察是兄弟，就不該在人家有難時落井下石。他無法忍受報社平時希望社會記者多與警察拉關係、要獨家；但當警察出事之時，報社又要社會記者抽出利刀來，毫不猶豫砍向警方！其實，警察和記者這種「相生相剋」的關係，到底該如何拿捏，我自己也無法說個準。如果有警察涉及風紀案，我的職責所在，必須把警察如何涉案寫得一清二楚。但平時與我交情好、提供我許多新聞線索的警察，他們可能覺得我這樣寫，對他們是二度傷害，從此也就斷了這條新聞來源！所以，我非常能體會阿寬在《蘋果日報》時，內心的那種掙扎。

我一個同班同學，說她曾經夢見阿寬，在遙遠的那一端對她揮手，他還是像在學校時一樣，那麼開朗，那麼愛搞笑，還叫我們不要為他擔心！阿寬同學，台北縣警政新聞之王，我也祝福你在另一個世界，不要再當社會記者了！

樂觀、開朗的莊裕寬，生前參加同學會留下的影像。

24 攝影記者的風險

在電視的新聞媒體工作者當中，以攝影記者的危險性（或風險性）最高！我常看到新一輩的攝影記者，仗著自己人高馬大而且又年輕力壯，出門採訪經常不帶攝影機的腳架，而是把自己的脊椎當成腳架，讓十多公斤的攝影機長時間重壓在自己肩上。後來，我也經常看到資深的攝影記者，走路一瘸一瘸的、身體歪了一邊，必須拄著拐杖才能行走，還得經常請假去進行復健。因為長期扛著攝影機工作，時間久了就會形成職業傷害，造成脊椎側彎或壓迫到神經，而有些狀況比較嚴重的攝影記者，甚至還得開刀治療，否則可能會有永久癱瘓的危險。但是，身為一名電視新聞攝影記者，他們所面臨的危機，可能不是只有脊椎側彎而已，有一種威脅，可能對他們更加的致命！

二〇〇七年十二月六日，還是阿扁執政時代，當天一早，東森新聞台攝影記者王瑞璋奉派到中正紀念堂，採訪「大中至正」牌匾拆除所造成的零星衝突和抗爭。王瑞璋從早上一直拍到中午，正準備要交班給下一個來接班的記者，這時泛藍和泛綠群衆突然開始有激烈的衝突！王瑞璋一個箭步，站在一輛抗議的小貨車前，想說卡到一個好位子了，應該可以拍得到最清楚的畫面。而開著這輛貨車的司機彭盛露，開始作勢要駕車衝撞群衆，引起在場民衆不滿，大家趨前想要毆打他，員警也動手要拔下他的車鑰匙，雙方衝突愈演愈烈！此時，媒體記者開始蜂擁而上進行拍攝，彭盛露為了逃離現場，急踩油門向前衝撞，王瑞璋首當其衝，被捲入車子底下，而且還遭到輾壓，傷勢嚴重：

「第一次撞，力道不大，我想我應該可以跑得了，但不幸的是，我的衣服被車子的傳動軸捲住，讓我動彈不得！貨車司機知道撞到我了，還拼命踩油門往前衝，我整個人就被捲進車子底下壓住。那一剎那，我的身體在地上不斷的被車輪磨擦，全身上下被千斤重的車體壓著，我感覺我全身的骨頭都快斷了！雖然我那時的意識還很清楚，但我覺得自己快不行了，我應該是死定了，第一個『人生跑馬燈』在我面前浮現！老婆、兒子身影開始出現在我眼前，我覺得可能沒有辦法再照顧他們了，我感到十分愧疚……」王瑞璋在事發多年後，仍心有餘悸的說。

後來，貨車司機被警察制服，在場的記者們協力把貨車側翻過來，並且把王瑞璋拖出來。他全身的衣服幾乎都被車輪撕扯破爛掉了，變成衣不蔽體。王瑞璋被緊急送入台大醫院急診室，情況十分危險！包括血胸、腦水腫、全身肋骨一半斷裂、骨盆前後都斷、手和左腿骨折、膝蓋受傷、肝臟撕裂傷……可說是體無完膚。

在醫師的救治和持續開刀治療後，王瑞璋的情況穩定了下來，但他的劫難還沒有結束！王瑞璋從加護病房轉出到一般病房後，因為做了一些簡單的復健動作，結果有一根肋骨因此又斷掉，還插進他的肺裡，把肺臟給刺穿，引發體內大量出血！這一次，又讓王瑞璋到鬼門關前走了一遭：

「我自己驚覺不對時，是在清晨大約五點，然後我眼前開始出現『黑畫面』，就是我眼睛所看到的東西，全變成了粒子很粗的黑色影像，我的血快流光了，人生第二次『跑馬燈』又開始浮現！後來護士發現我的臉色蒼白，而且像白紙一樣毫無血色，趕快急找醫師過來，把我推進加護病房進行輸血和急救！醫生一直叫我不要睡著，要保持清醒，否則容易失溫，一睡不醒！手術一邊引流出一堆內出血，然後又輸進一堆新鮮的血液，終於把我從鬼門關旁救了回來！醫師說，這種情況如果發生在外面，沒有立即急救，可能二至三分鐘內不輸血，人就會死亡！」王瑞璋心有餘悸的說。

後來，王瑞璋漸漸康復到可以恢復上班後，他就請調東森財經台，負責新聞性節目的採訪和製作。二〇一〇年十一月，台灣最高法院以彭盛露惡性重大，判處五年六個月徒刑，全案定讞！

在新聞現場的採訪過程中，電視攝影記者只能看得到攝影機觀景器所顯現的視角，在觀景器之外，攝影記者完全看不到危險正對他步步進逼！如果在抗爭現場，攝影記者可能看不到朝他丟擲而來的酒瓶、石塊；如果是在颱風現場，攝影記者也可能看不到朝他飛來的破損招牌、屋瓦。而王瑞璋身在一個擠滿人群的抗爭現場，他當時只想卡到一個攝影角度最完美、能最近拍到新聞當事人的地方，卻來不及逃離那輛朝他筆直衝撞過來的小貨車！

能夠幫助攝影記者看到危險逼近的第三隻眼，其實正是攝影記者的搭檔——文字記者！通常到了一個新聞現場，文字記者和攝影記者會分開作業：文字記者去找人了解事情的來龍去脈，而攝影記者則忙著拍攝他覺得需要的畫面。但在具有危險性的新聞現場，如抗爭、暴風、路坍、落石等地方，文字記者應該寸步不離攝影記者！這個時候，文字記者最重要的功能，不是拿筆記錄現場狀況，而是當攝影記者的安全守護神，協助他注意觀景器看不到的危險，並且及時提醒他注意安全！由於我和攝影記者都是男生，所以我的習慣是在危險場合，用一隻手護著攝影記者的腰部，如果有什麼突如其來的危險物品，或是暴風吹得攝影記者腳步不穩要跌倒時，我就會立刻抓住攝影記者的腰帶，讓他向左或向右閃避危險。這個時候，文字記者和攝影記者是命運共同體，雙方要互相照顧，並把對方安全擺在第一位，而不是只顧著各自採訪或拍攝新聞，因為一不注意，很有可能會造成記者的傷害或遺憾！

第三篇　二〇一〇年至二〇一八年

25 故事守門人

從我進媒體工作以來，一直在說故事給人聽，只是它冠上了「新聞」的外衣而已！基本上，新聞就是一種敘事。早期，我是自己把聽來的故事寫或說給人聽；而後，更長的時間，我在指導別人如何寫或說故事。假使你問我，如何說故事，電視的觀衆會比較愛聽？我會說，如果你的故事不能感動我，那麼有八成的機率，大概也無法感動觀衆。因為，我被訓練為一支專業的收視率溫度計。

我每天的工作就是看記者如何說故事，並為他們說的故事打分數。新聞，是一種最短的故事表現形式，它通常被要求在最短時間內為故事主角塑形，並且簡單說清楚，在他／她身上到底發生什麼事？他現在該怎麼解決這些事？以及你認為他還會面臨什麼問題？不過，就算是簡單的故事，也有記者會說不清楚，主因大多是不了解如何「化繁為簡」。

接下來，我要看的是三分鐘左右的故事，通常稱為「短專題」，比一般的新聞敘事更繁複一點，它大致分為「人物類」和「事件類」。如果是事件類的專題，它說故事的方法，大概有一套公式：一、發生什麼事？二、為何會這樣？三、以前國內有類似案例？四、國外都如何處理類似案例？五、未來如何防範與改善？「人物類」的短專題難度比較高，很難說有一定的公式，不過，通常把這個人最大的成就或曾經發生最誇張、最離譜、最令人震撼的事擺在故事的最前面講，總是沒錯！

最後，我還要看的是更長的一種說故事形式，它的長度大概都介於十二到二十分鐘，以三到四個單元組成一個新聞性節目。這種說故事形式看起來簡單，但做起來其實很難。因為記者必須把蒐集來的訪談、資料片、戲劇影像、圖卡和動畫，全部放進腦袋的「果汁機」內，一起絞碎後，再把它重新排列組合。這需要邏輯性比較強的人來做，否則觀眾會被你帶進迷宮，不知道你說這個故事的用意是什麼？

我所審查的新聞性節目又分為三種：一是歷史類節目，二是美食類節目，三是蒐奇類節目。但這些分類，只是形式上的不同，本質上它都是在說故事。歷史類節目的難度在於，正史記錄不多，野史又難盡信，於是你必須在受訪的歷史老師、蒐集的資料和正、野史中去揣摩出一種記者自己的觀點出來。比如，我在製作「宋氏三姐妹之美麗與哀愁」這一集中，曾經寫下這麼一段文稿：「有人說，宋氏三姐妹，一個愛錢（宋靄齡）、一個愛國（宋慶齡）、一個愛權（宋美齡），但這對宋家三姐妹來說並不公平，因為中國女人嫁雞隨雞的傳統觀念，讓她們必須和丈夫的立場一致，如果三姐妹的角色互換，那麼究竟誰愛錢、誰愛權、誰又比較愛國呢？可能排列組合也會跟著不同！」宋家三姐妹的故事，很多人說過，而我從「翻案」的角度重新詮釋，那就會呈現出一個全新的觀點出來，這就是歷史節目的迷人之處。

至於美食節目，通常就是好吃的食物料理過程，那有什麼故事呢？事實上，美食與料理，只是一個包裝的美麗外衣，而實際上我要說的是，平凡小老百姓所呈現出堅韌生命力的故事，也就是一種台灣人不服輸的精神，是這種精神打造出台灣社會的善與美！

如果記者所說的廚師故事能打動我，自然我就會蓋下放行章；如果這個故事能讓我審帶時落淚，那我就可以預測出它的收視率可能會很高。比如，我曾經審查過美食節目的一個故事，這個故事是在講，一對師生戀夫妻，男老師當年娶了他的女學生，但後來男老師因病逝世，女學生只能含辛茹苦，獨自扶養他們的三個孩子長大成人。由於男老師愛吃麵疙瘩，女學生後來也開了間麵疙瘩店，來紀念自己的先生。時間經過了五十年，已成鶴髮的女學生，如今在鏡頭前拿著丈夫的遺照，用顫抖的聲音唱著他最愛聽的〈不了情〉時，仍然淚流不止。她輕撫著照片，說她有多愛她的老師！此時，一碗麵疙瘩，已不是單純的食物而已，而是成了跨越五十年的夫妻之情見證！看著這一段故事，我在審查記者的初剪帶時不禁激動落淚，而在審查最後的播出帶時，再看到這段故事，依然讓我再哭一次。而這一集，它果真就有極佳的收視率！但我並不認為這種節目是一種感官主義的操弄，它的故事，因為聚焦在平凡百姓，而非名人或藝人，所呈現的，反而是比較接近於真實的一種真情流露！當然，我偶爾在預測節目收視率也會有失準的時候，不過通常是八、九不離十，就像資深教授預測學生投稿論文的分數落點一樣！

而「蒐奇類」所說的故事，大多與台灣社會的民俗傳說有關，它本身就具有較為強烈的傳奇色彩，因此要說好這一類專題故事，比較沒有那麼困難！

至於新媒體的說故事方式，因應行動載具而有更多不同的形式變化。它可能會使用戲謔的口吻、斗大的字體和更加快速的剪輯效果，但是，說故事的本質仍然是不變的！不論你要用VCR來線上募款，或者你要增加網頁、youtube的點擊率，說一個「好的故事」，而非一味玩弄特效，永遠是不二法門！台灣串媒體數位敘事社團發起人郭哲瑋（二〇一四）說：「串媒體敘事的本質仍在故事本身，不在技術與工具。如果一個故事本身不能捕捉到觀眾的想像力，那再多的平台延伸也無法彌補原始內容的失敗設定。」這句話，還真的是為新媒體和串媒體的「說故事」本質，下了一個非常有力的註解！

26 考試，不會決定你的一生

一九八五年，我的大學聯考成績很糟，數學考零分，英文成績也很差，距離第一類組（文、法、商）最低錄取分數還有二十至三十分之差。在那個大學聯考第一類組錄取率不到百分之十的年代，擠不進大學窄門，就必須到補習班報到！因為普通高中並非職校，考不上大學，什麼專業都不會，在當時我的觀念認為就是：死路一條！那時，除了大學聯考外，還有等同上大學的二個選擇：一個是警官學校，另一個是軍官學校。警官學校的錄取分數等同國立大學，實力要很強；而軍校聯招我也去考了，但那年考運很差，連政戰學校也沒考上。我老爸很失望，他說：「你自己決定要不要去補習班補一年再考！」

高中時，我的在校成績只能算中上，在班上大概排名都是第十名上下，很少進到前五名，尤其數學成績始終很差，很少及格過，我也不知道，別人認為很簡單的解題法，我卻永遠都學不會。數學不懂的情況下，應付考試都是用背的，乃至大學聯考抱個大鴨蛋回家！最後，面臨的只有二個選擇：一個是進補習班重考，一個是參加三專聯考。幸好，三專考得還可以，第一志願國立藝專沒上，上了第二志願世界新專。我的分數落在編輯採訪科，那已經足夠反映我當時的考試實力，就是到這裡了。於是，決心不進補習班，而是北上到世新報到！編輯採訪科著重的是平面媒體，尤其是報紙記者的基礎訓練，這三年對我來說，是如魚得水，因為新聞工作就是我最有興趣的未來之路！

但在世新就學的三年後，我的考運依舊很差，預官、大學插班考試、大報社招考，也是有考必「揹龜」。我還記得，剛畢業那年，《中國時報》要招考幾名新記者，結果考生居然坐滿了十幾個教室。同樣都是沒有社會經驗的人，我問自己：「你覺得自己考得贏台大、政大的畢業生嗎？」我終於明白，自己在考試的資質有限，如果依照考試制度，那我永遠是第一個被淘汰的人，「人生勝利組」永遠不會是我！雖然我很認真在準備，只是面對考試，我永遠考不贏人家！這其實跟考運無關，而是跟自己的學習環境和學習方法有關！我相信，如果進到補習班學習「考試方法」，我可能會表現得更好，但我並不想再為考試而強迫自己唸不喜歡的書，更不想被考試決定自己的一生。

退役後，我開始進到媒體服務。媒體是對我很公平的地方，我認真、努力跑新聞，我的努力成果就會被人看見；但在學校時，經常我熬夜唸數學，而考試成績依然一塌糊塗。「跑新聞」和「唸數學」這二件事，我都付出了很大的心力和時間！對報社和電視台而言，我的努力結果是被認定為「好員工」和「新聞戰將」；而對學校而言，我的三年努力，換到了大學聯考數學考零分，於是我就是個「落榜者」和「失敗者」。考試，是很公平的制度，但我明白，那我對而言，將會是個使我永無翻身之日的制度！

儘管進到社會後，我仍然面臨很多次跟升學或學業有關的考試，不過，我已開始反敗為勝，憑藉的並非考試技巧，而是知識與經驗不斷「累進」和「精進」的結果。也就是說，我的工作經驗和資歷，幫助我爭取到下一階段更好的工作，也幫助我可以有餘力準備學校「在職進修」入學考試、學期考試和資格考試。如果這場考試不順利，那並不會影響我現有的工作，於是心理壓力就小得多！在這樣相輔相成的助力下，我的工作表現協助我進到電視台和之後逐步的職位晉升；而工作經驗也幫助我在碩士在職專班考試和博士入學甄試取得一點優勢。最大的不同是，參加大學聯考考試時，心情是：沒考上，接下來就是世界末日！而參加碩士在職班考試和博士入學考的心情是：沒考上，明天還是要繼續上班，沒什麼！這個世界也很奇怪，有時候你愈是在乎的、愈是孤注一擲想要爭取到的東西，可能就愈難拿到；而當你調整了心態，抱著隨遇而安、

二〇一八年自世新大學傳播博士班畢業後所拍攝之全家福。

不計較得失的心情時，你反而能夠得到更多沒有預期到的收獲！

我的父母和老師可能永遠不會知道，那時大學聯考、軍校考試都失利時，我真的有浮現「自殺」二個字的念頭，因為我覺得自己什麼都不是，活在世上似乎是多餘的。但自殺這件事，有的人只是「想一想」，有的人卻真的去做了，而「做」與「不做」，其實在於自己的一念之間。而今，我終於拿到傳播博士學位，彌補了我當年每考必敗的遺憾！也屬萬幸的是，當年的自殺念頭，只是心情不佳時「想一想」而已，並沒有真的去做這樣可怕的嘗試！我不敢說自己在工作上多有成就，但我或許可以告訴為人父母者：考試，不會決定你孩子的一生！當他在考試屢屢挫敗之時，請有耐心和愛心的協助他，找到人生正確之路！

27 挑戰自我極限：工作+讀博

博士班和碩士在職進修班不同，因為博士班是正規學制，所以它的課大多開在白天，不像碩專班或EMBA，大部分是把課開在晚上及假日。因此，上班族如果要唸博士班，首先要考量的是，你是否每週都可以向公司請假去上課？你的長官是否支持你去唸博士班？因為公司僱用你，主要是希望你為這家公司盡心盡力工作，並沒有義務要讓你去讀博士；況且，媒體業幾乎（根本）不需要用到博士人才。所以，你必須要先想清楚的是：萬一唸博士班後影響到你的工作，而迫使你必須二選一時，你會放棄工作或博士班？

畢竟，在媒體業，影響你的考績最直接的因素，是你的工作表現。在這個行業裡，有高中職、專科、大學、研究所和博士學歷，有國產的、有放洋回來的。但我認為，在媒體業，每一個人的起跑線都是一樣的！高中職和專科學歷的人，如果在新聞工作有傑出表現，那麼他在這行業所受到的重視，也可能會遠高於研究所和博士學歷的人。同時，學歷是土產或喝過洋墨水的人，對媒體業來說並沒有差別，只要外語表達流利，能夠完成新聞採訪或編譯的工作就可以了！差異點在於，你能否把新聞工作當做是一種「技藝」、甚至是一種「藝術」！你的作品是否都具一定水準、能引起觀衆共鳴、讓同業折服，那才是你能否在新聞業表現出衆和獲得長官重視的關鍵因素。因此，商業媒體的新聞工作者拿到碩士或博士學歷，並不會幫助你升官或加薪，相反的，如果你為了唸碩、博士，兩邊都顧不好，倒是有可能會讓你先丟掉現有工作！當然，也有人覺得難以負荷「蠟燭兩頭燒」，於是先辭掉工作，專心拿到博士學位後再重新找工作，這樣也是可以！不過，這段唸書期間的經濟壓力自然也會倍增。因此，想清楚「讀博士」這件事對你的意義所在和危險性何在，再去拿報名表還不遲！

基本上，如果你能把自己的工作先顧好，讓你的長官無所挑剔，那麼他支持你唸完碩、博士的機率就會大增。如果你想要顧好現有工作的話，絕對不能讓你的長官經常看到，該工作的時候，你卻在唸書；該專心把新聞做好之時，你卻在弄導讀資料……我想應該沒有幾個媒體的長官可以接受這樣的事。假使你讓長官覺得，在你的心目中，唸書比工作更重要，那麼這種印象很可能會對你現有的工作造成威脅。因此，如果你不想丟掉現有工作，又想要唸書進修，那最好的做法，就是更專注的、更努力的把現有工作先做好，甚至比以往表現更好。這樣做的目的在於讓你的長官能信任你：「即使讓你去唸書，你也不會荒廢現有工作！」還有，去學校唸書時，一定要請自己的特休假，不要不請假、偷溜去上課，會讓人抓到你的把柄！當然，為了兼顧工作與學業，你必須更加善於利用零碎的時間。比如晚上七點過後，大部分新聞工作者都陸續下班了，而你必須留下來「加班」到深夜，此時的加班，自然是「加學業的班」，而非「加工作的班」！同時，你也不再有「休假」的權力，因為你的假日全部要拿來唸書、導讀、寫報告，自然沒有睡到飽或經常遠途旅行的權力。如果你能夠忍受這些犧牲，那麼你就可以去拿博士班的報名表了！

其實，唸博士班期間，我認為最像我人生中的當兵階段。我當兵時很衰，雖然分發的是通信兵旅，但卻進了這個旅的「精誠連」——架設連。我必須靠著一條繩子，徒手在三十秒內爬到電線桿頂端。接著還要把電線給架好。如果沒有在時間內完成，中午時就必須被處罰在電線桿上搖搖晃晃的吃便當，經常完成任務後，兩隻手抖個不停，而且手掌傷痕累累、不斷流血。唸博士班，同樣得要經過這個血淋淋的階段，因為不經這個痛苦階段，你就無法知道，自己到底能承受多大的壓力，你也不會知道如何才能克服它。當兵時，每天都期待趕快退伍，但是，當時間的軸線拉長後，很多男人會發現，人生最珍貴、最難忘的記憶，都在當兵的那個階段。而唸博士班，心境的變化和感受上，也和當兵十分相似，那就是：經歷時痛苦、日後卻回味無窮！因此，唸博士班和當兵一樣，都讓人刻骨銘心，一輩子會記得它！

唸博士班還有一件事要克服，那就是健康檢查的紅字會快速增加！常聽聞學長姐說，因壓力過大，免疫系統出毛病，跑醫院成為家常便飯，至今或多或少都有些後遺症！而我在唸博士班的三年半期間，除了收到滿江紅的健檢報告之外，暈眩症和近視度數快速增加，也一直困擾著我。幸好，在畢業之後，慢慢調養，健檢紅字少了許多，而「葉黃素＋眼部按摩器」也讓我的近視、眩光不再惡化，甚至視力有在慢慢改善。當然，這些都是唸博士班所必須要付出的代價！不過，在唸博士班時，你的「第三隻眼」也逐漸被打開了，那是一種前所未有的視野改變，要靠自己慢慢去體會與品嚐這種改變！

雖然我拿到博士學位了，但我覺得自己只是在浩瀚的學海中，找到屬於自己的一座小小岩礁而已，踏出了這塊岩礁，絕大部分都還是我不甚熟悉的領域。因此，畢業，是一個基礎階段的結束，卻也是另一個自我要求的開始。以這塊岩礁為根據地，我們是否能再往外拓展，能夠拓展到多深、多遠，那才是今後的重點！

筆者二〇一八年一月，於世新大學所拍攝之博士畢業照。

28 記者鬥魂——歐迪碼成效

在我的博論裡曾經探討過，法國社會學家布赫迪厄（Pierre Bourdieu）所提出的：「歐迪碼成效評估效用」（l'audimat）。它的意思是指：電視記者在新聞平淡的日子中，製造出仍具有話題性、刺激性又輕薄短小的「突發新聞」，以便在新聞收視率上能有更優異表現，這就是電視媒體的「歐迪碼成效」。布赫迪厄認為，收視率是電視之神，也是電視新聞記者的晉升之階，所以會像花蜜一樣，吸引他們不擇手段、前仆後繼的往目標邁進；為了追求個人表現，新進人員要比老一輩的記者在處理新聞事件上更加的「恬不知恥」（法文：l'attitude cynique，舒嘉興：二〇〇一）。

就我個人經驗來看，「歐迪碼成效」的確存在，而且不分平面或電子媒體。就過去台灣的報紙環境而言，因為比較重視輩份，所以要靠採訪到獨家新聞或重大新聞而直升為特派員、召集人或採訪組主任，是比較困難的。但報紙記者，其實更重視的是「橫向發展」。比如說，我在小報社新聞跑得不錯，屢有獨家新聞出現，就會被大報社看見，進而被挖角到大報社工作。大報社的記者，基本上待遇都不錯，而且發獨家獎金絕不手軟，因此更能讓記者無後顧之憂地衝刺跑獨家新聞。

一九九〇年我到《臺灣時報》跑地方新聞之時，月薪只有26K，加上一些被刊登照片和特稿的稿費，勉強擠到30K，扣掉房租、生活費和寄回家的錢，每個月幾乎都所剩無幾。但是，每天的新聞戰仍然使生活充滿刺激！每當跑到重大獨家新聞之時，就會覺得自己亢奮到快要死掉，尤其如果能夠讓大報社同一條路線的記者「獨漏」，看到他們那懊惱的神情，真是新聞工作的無比快樂！而大報社與大報社之間（《聯合報》與《中國時報》）在獨家新聞的表現上，競爭得更為激烈！有時候，他們拿到一個重大獨家新聞時，會先「養」個幾天，務求「吃乾抹淨」，也就是把所有周邊相關新聞都採訪得十分周全後，才用三到四個版面的分量推出，一次將競爭對手擊斃！如果你看過《郵報：

密戰》這部電影，你就會知道，大報社或報紙記者之間「恬不知恥」的新聞競爭有多麼激烈！而今，網路媒體發達，大大小小的事情，通常都會在網路上先出現訊息，報紙媒體已經無法再「養」重大獨家新聞。現在我們經常看到，報紙會用一整版登出的內容，大多是「規劃專題」或「業配偽裝成新聞」。能讓讀者震驚、對手嚇破膽的重大獨家新聞，現在是愈來愈少出現了！

其實，當年要讓大報社記者「獨漏」的機會並不太多，因為他們在線上耕耘時間久，且人脈、資源甚廣，大小事逃不過他們的法眼。為了求生存，我們幾個「小報社」記者組成聯盟，有《自立晚報》、《自由時報》（當時的《自由》還不算是大報社）、《中央日報》、《民衆日報》及《臺灣時報》的我。我們幾個記者都很年輕、肯衝，集合小螞蟻之力，與《聯合》、《中時》二個大報社記者勉強抗衡。但新聞工作的迷人之處，就在它的變化性和刺激性無窮，有時候它比較的不是記者的人脈或資歷，而是努力和運氣！我去睡派出所跑新聞時，大報社記者自然不會那樣屈就自己，因為他們在警局中、高層多布有人脈，如果有大案子或發生大事，他們大多會知道。但如果新聞事件是在深夜發生，也許他們要到了隔天一早才會知道。而如果我跑得夠勤，且運氣夠好，我就能在深夜採訪到重大的突發新聞、並且拍到獨家現場照片，一舉突破大報社記者所布建的人脈網，讓他們扼腕不已，小螞蟻偶爾也能扳倒大象！因為我的獨家現場新聞，是我睡派出所好不容易得來的代價，這是新聞工作之所以「公平」的地方！反過來看，因為有「聯盟」罩著我，所以我要「獨漏」新聞的機會也不會太大；如果我真的「獨漏」了，那也是很多報社一起漏掉，而小報社記者跑輸大報社記者，那也是合理的事。所以，我們這些小報社記者，其實比大報社記者更多了主動攻擊性和機動性！而如果我能讓大報社記者多次漏掉大新聞，或我拍的現場照片比他們精彩許多，這就代表著：我被大報社挖角的時機接近了！因此平面媒體的這種新聞戰鬥精神，我認為反而最為接近布赫迪厄所說的「歐迪碼成效」的精髓！

一九九五年後，有線電視蓬勃發展，也給了許多年輕記者很大的發揮空間和表現機會。那時，我在超視南部中心當文字記者，才過了一年時間，我就晉升為特派員！一般在報社而言，「特派員」意謂年長、資深、德高望重的地方之霸；但新興衛星電視新聞台的「特派員」，卻只是新聞表現較好的「稍具年資」記者，這也是媒體大環境變化「時勢造英雄」的一種機會！不過，布赫迪厄說，電視新聞的新進記者，通常要比老一輩記者在處理新聞事件上更加「恬不知恥」（l'attitude cynique）！有可能是翻譯的關係，「恬不知恥」這幾個字還蠻難聽的！它可能包括了：新聞工作者使用不入流的手段、逢迎諂媚、加油添醋或者以許多檯面下的爭鬥手段，取得新聞作品的表現機會。Google則把"l'attitude cynique"直接翻譯為「憤世嫉俗的態度」，是有比「恬不知恥」稍微好一點！我會比較朝正向的角度來解釋所謂的「憤世嫉俗的態度」：它可能是記者不惜代價（包括犧牲自己假日去蒐集訊息、布線、花錢和新聞來源培養信任關係等）也要跑到獨家新聞的一種強烈企圖心！

因為在電視台，人人都在求表現，但大家基本條件都差不多。通常，不會有人看到你平常挖掘新聞的苦心經營，大家看得到的，只是你的新聞品質和收視率的表現，而這種表現，就是平凡子弟能出人頭地的唯一晉升之階！所以，電視記者唯有「不計代價」、「不擇手段」的努力求表現，才有可能讓自己受到上級重用！這應該就是

"l'attitude cynique"所要表現的一種記者鬥魂或是競爭精神吧！

網路興起後，媒體起了翻天覆地的變化。不論平面或電子媒體，記者的「歐迪碼成效」都如同都會中的螢火蟲，幾乎完全隱而不見；偶爾有一隻翩然現身，總是讓人驚艷不已！許多電視記者每天上班的工作重點並不是「跑新聞」，而是接受長官指派去「組裝網路影音」，也就是所謂的三器新聞，如同新聞工廠產線的「裝配員」，時間一到就刷卡下班！往日那群充滿鬥性的野狼，那些年輕、熱血的新聞工作者，彷彿都可以為了搶獨家新聞犧牲生命的「新聞鬥魂」，如今，是否我只能倚欄憑弔？

29 媒體圈中的職場惡鬥

在我進行博論訪談時，有一位電視台兼任主播說，過去有很長一段時間，她的工作表現不受長官青睞，但現在回想，這反而是她在電視台過得最「平安」的一段時間！後來，她因為新聞表現愈來愈亮眼，開始受到長官的重視，並且也被排進比較好的新聞播報時段。這時候，攻擊她的流言蜚語就開始到處流傳，好像非要置她於死地不可！所以，這名兼任主播所說的「平安」，指的應該就是沒有人把她當成威脅或攻擊目標，可以安心而自在的跑新聞！

電視台，是一個競爭非常激烈的地方，尤其是主播或主管階級。當你不紅的時候，可能沒什麼人要理你，因為你還無法構成對某些人的威脅；但是一旦你開始受到重視，並且被委以重任，這時候就會有許多耳語、冷箭、黑函出現！這些毒辣的功夫，招招想要置你於死地，因為唯有把你打下來，這些人才能往上爬，所以你會成為非常明顯的攻擊目標！過去，曾經聽聞某些電視台當紅主播的不雅照或親密照外流，許多跑影劇圈的平面媒體記者都人手一張！這很顯然是有心人，想要藉由照片毀掉這位主播！但是，早期還沒有社群網站或雲端儲存功能，主播個人照片會存放的地方，只有自己家裡和公司的電腦。如果不是她男朋友要毀掉她，或者有人進到主播家裡偷走她個人電腦裡的照片，那就是在辦公室，有人偷偷侵入她的電腦，找到這些不雅或親密照片，然後再把照片刻意散發給平面媒體記者。這其中有二大問題，一是主播個人的不雅照或是親密照，放到公司的個人電腦裡做什麼？她難道不知道這是非常不安全的存放場所？而且，這種「特殊照片」為何不加封包和密碼？第二個問題是，有誰對當紅主播恨之入骨，想要讓她身敗名裂？假設這真的是她同一公司的同事所為，那也實在是十分恐怖的事！

此外，在我的博論裡有一個關於新聞職場的有趣調查，我的問題是：你覺得在電視新聞場域中，「個人擁有較強的新聞專業能力」和「與長官有較佳的彼此信任關係」，哪一個對於新聞工作者比較重要？結果認為「與長官有較佳的彼此信任關係」因素比較重要的受訪者，男生比例明顯高於女性；認為「個人擁有較多新聞專業能力」比較重要的受訪者，男、女比例差距縮小。因此，電視新聞場域中，有較多的男性電視新聞工作者，認為和長官經營關係，比認真、努力表現新聞專業更為重要！有些受訪者甚至認為：「認真、努力做十則好的新聞，比不上向長官說十句諂媚的話！」不過，我覺得這句話或許言過其實啦，而且，也有不少新聞工作者不屑這樣做！

其實，花時間和長官經營關係或者是刻意經營小團體的人際關係，而忽略了自己的新聞工作表現，這絕對是本末倒置，而且也並非是絕對必要的！早期有一次電視台發布人事命令，我從資深記者升任為製作人，但組內比我資深的人多的是！我問長官，為什麼會選我？他說：「組內一個個的小圈圈我都知道，你不屬於任何小集團，那樣最好！我就是要打破這種小團體鬥爭的生態，所以選了你！」但是，我剛剛也說過：在一個電視台內，只要你開始冒出頭來，你就有可能會成為被惡意攻擊的目標！早期，我還在當文字記者的時候，雖然獨來獨往，卻沒什麼人找我麻煩，只要我把自己的事情做好，日子倒也過得清閒！但是，自從我獲得晉升的人事命令公布後，就開始出現許多黑函和耳語攻擊！我自認為並沒有得罪過什麼同事，但職場環境就是如此險惡，在其他行業恐怕也是這樣，只是新聞媒體顯現得更加赤裸和慘烈而已！

一開始，可能你並不知道和你在同一個辦公室裡的人，有哪一些是屬於口蜜腹劍型的人。他們可能表面上笑臉迎人，卻在暗地捅你一刀！但當你受過傷、上過當後，你就會開始知道，可能是哪些人在背地裡搞這些勾當。有一段時間，我非常痛恨這些職場惡人，甚至不惜與之公開對抗！但恩師彭懷恩在課堂上曾經說過一句充滿智慧的話，他說：「對付這些職場惡人，最好不要用激烈方法和他們槓上，否則自己也有可能會因此受傷，得不償失！惡人既然會傷害你，同樣也會傷害別人，同時他們幹的壞事也一定不會只有一件。當時機成熟時，自然會有人出來收拾他們，未必一定要自己出手！」恩師的這句話，我一直謹記在心，只是，要做到在欺負你的人面前不動如山，一直忍耐到除掉他的最佳時機到來，看來只有《軍師聯盟》裡的司馬懿才做得到啊！

30 跳槽的藝術

在電視新聞媒體中，記者的流動率一向非常的高，甚至有時候會發生「倒組」的情況！何謂「倒組」呢？舉例來說，如果一個新聞台的「社會組」或「生活組」，記者一直離職，但新進記者又還來不及補進來，最後這個組就會只剩下組長或召集人，其他記者幾乎全部都走光光，這就是業界常聽到的「倒組」現象！

造成電視記者高流動率，其實牽涉到二個現實的問題。一是資淺記者的起薪低，即使他／她的新聞採訪能力不錯，但因為一般新聞台整體調薪的機會十分少，因此記者必須不斷靠跳槽來為自己加薪。通常記者跳槽一次，大概可以為自己的月薪增加三千元到五千元；有時談的條件如果好一點或者是接任主管職，可以為自己加薪五千元以上至一萬元。如果剛好碰到有新的電視台成立，正在擴大招兵買馬，那麼比現職再加個一萬元到二萬元跳槽，也是有可能的事！

電視新聞媒體，特別容易跳槽的人還包括主播。由於許多已成氣候的新聞主播，都是電視台由文字記者之中挑選兼任主播開始慢慢培養，期間必須花費不少心血，但他／她開始成名後，卻有可能被其他電視台開高價挖走，因此目前電視台大多以簽約的方式來綁住主播，至少在簽約期間他／她不能跳槽，否則會有違約金問題。但是偶爾也會有電視台長官非要這一位主播不可，因此除了開高價挖角之外，還會同意替被挖角的主播付違約金「贖身」！不過這種狀況畢竟還是比較少見的。

另外一個造成電視記者高流動率的因素，可能和新聞部或採訪中心的主管有關。有些新聞場域中的主管，本身脾氣不太好，對記者的要求又較為嚴苛，記者的離職率也比較高。當組內開始有記者覺得受到委屈、負氣離職之時，如果主管沒有穩住軍心，就可能會造成骨牌效應，記者的離職率會在短時間內突然升高，最後就是「倒組」收場。台灣的電視新聞媒體，每一個都有不同的企業文化和職場氛圍。有些新聞場域充滿著肅殺之氣，經常會聽到有主管在大發飆、痛罵記者；有些則內鬥嚴重，記者會覺得時常在更換主管，內心很沒安全感，這些都是造成記者高離職率的原因之一。

大部分的電視新聞媒體工作節奏都很快，很少看到有記者或新聞工作者很悠閒的在聊天；但也有少部分電視台步調稍慢一點，記者感受到的工作壓力也相對較小。當記者從一個已經習慣它生活步調的電視台，突然跳槽轉換到一個氛圍或文化與前個電視台都相當不同的地方時，他/她會覺得十分難以調適，可能苦熬幾個月後仍然難以適應新環境，這時候記者就必須再跳槽一次，尋找下一個他能夠接受的地方。但是，如果一個新聞工作者，都是在一個地方待不到一年就跳槽，那麼後續面談他的主管一看到他的履歷表，就會開始懷疑他的忠誠度：「這個人如果錄用，可能也是做不久就會跳槽，徒增我的困擾！」因此，有人跳槽是「愈跳愈好」，也有人是「愈跳愈糟」。什麼時候才是跳槽的好時機？是否非跳槽不可？這恐怕也是現今新聞工作者該好好修習的學分！

有些記者或新聞工作者在跳槽時，會採用類似某些房仲喊價的「兩面手法」。這是什麼意思呢？比如，我跟A電視台和B電視台同時談跳槽條件，A電視台和B電視台都只願意幫我加薪三千元，那我就跟A電視台說：「B電視台要給我加五千元，我傾向去B電視台報到。」我跟B電視台也同樣說：「A電視台要加給我五千元，我傾向去A電視台上班。」這時候如果A或B電視台，其中有一個電視台急缺人手，那麼敢喊價的這個應徵者他可能就贏了！雖然這種喊價手法，運用的是博弈理論的一種心理戰，但也有可能會弄巧成拙，最後落得兩頭空！同時，也有一些新聞工作者會刻意放出，即將要跳槽或已跟其他電視台談好價碼的消息，其實目的只是在測試現職公司，會不會跟進加碼挽留他/她，並非真的決心要走。但是，這種遊戲也不是人人都玩得起的！因為得要先進行評估，自己在主管心目中的地位和自己對於這家公司的貢獻度有多少？也就是要先衡量一下，自己手中握有的機會籌碼到底有多少？如果剛好主管早就把你列為難纏人物或是頭痛人物，那麼就要小心，有可能會弄假成真，最後可能不辭職都不行了！

還有一種狀況也要特別注意！那就是每一個電視新聞台的人事單位都有徵信制度，他們可能會去打聽你在前一家公司是否曾被懲處或犯下大錯。有些離職者，因為心中覺得委屈，所以可能會在離職前報復主管、大搞破壞、偷走公司機密或留下爛攤子，甚至連離職手續都不辦就拂袖走人。但如此「率性」的結果，有可能會被老東家註記為「永不錄用」，這樣不但會影響到自己日後回鍋的機會，而且在電視台之間人事徵信時，恐怕也會讓用人單位打退堂鼓！電視新聞媒體，雖然彼此之間是競爭關係，但各個電視台的中階或高階主管，彼此之間可能是舊識或好友關係，他們也會互相打聽來應徵的新聞工作者，在前一個工作單位之中表現如何。因為大家都害怕應徵進來的，是一個超級麻煩製造者，到時候可能要換自己倒大楣。因此，俗話說：「留得青山在，不怕沒材燒」，是很有道理的！好聚好散，也是職場學分中的一門修習藝術！

另外，想要跳槽時，還有一種頗為糟糕的做法，那就是使用人力銀行「模糊配對」或「自動配對」的寄履歷方式。這種找工作的方法，猶如亂槍打鳥！電腦會自動幫你到處投遞履歷，但你可能也不知道，你的履歷會投遞到哪一家電視公司的哪個人手上？有一次，我從收到的求職履歷中，居然發現有一封是自己電視台員工投的履歷，上面標註著：「自動配對求職信」。我不動聲色的把這封求職信刪除，但我也知道了，有一位員工正在到處找工作，而他可能還不知道，他的履歷經由「自動配對」跑到了我的電子信箱！還有一次，我看到一個學經歷都還不錯的應徵者，我就撥了通電話請他來面試，結果他一頭霧水說：「我沒有寄履歷給你們電視台啊！」這時我才發現，應徵信又是註記著：「自動配對」！此後，對於「自動配對」履歷，我都一概敬而遠之！

31 不做記者，還能幹嘛？

不管平面或電子媒體記者，經常問自己的一句話是：「如果我不做記者，那我還能做些什麼工作？」思考這個問題之前，我們要先回答另一個問題：「記者的工作，是一種專業嗎？」你可以說「記者採訪和製作新聞」是一種專業，但也可以說它不是，尤其是記者「不一定要新聞或傳播本科系出身」。因為有些不是新聞或大眾傳播科系的畢業生，只要外型還不錯，在進到電視台後又肯學習，新聞也是可以跑得嚇嚇叫！更何況，AI人工智慧突飛猛進，機器人寫的新聞稿又快又好，已經開始接手突發新聞的推播工作。這樣說來，電視新聞記者其實是一種蠻容易被取代的工作？

以現今電視新聞記者流動的速度之快，說「電視記者是一種很容易被取代的工作」，其實一點都沒錯！因為剛畢業、低薪的電視記者稍加磨練，很快的，他們就能拿著麥克風到第一線採訪新聞。雖然電視新聞經常出現錯誤，觀衆也經常罵電視新聞水準愈來愈低，但是有些電視台顯然不太在意，反正「新聞有人跑就好了，做不做得好是另外一回事！」目前較難以取代的電視記者工作，可能在於新聞專題、深度報導、調查報導和新聞性節目的這一塊，因為這些工作只有資深電視記者能夠勝任，而機器人也還沒有能耐寫出這種具有深度的稿子。因此，有實力的資深電視記者可能是比較難以被取代的一群人？其實，這也不一定！因為資深記者大多薪資較高，有一天，電視台老闆如果想要裁員以撙節支出，那麼這些領較高薪的資深記者，可能是首當其衝的一群人！就一個電視新聞媒體而言，只要維持住一般性新聞的足夠供應量，並沒有規定非要播出新聞專題、深度報導、調查報導或新聞性節目不可！所以，就新聞場域而言，資深記者也未必能夠完全高枕無憂。

那麼，電視記者如果不做記者了，他還能做些什麼工作呢？每一個人際遇不同，所得到的結果自然也不同！想當年，《社會追緝令》節目停播後，有些記者就此離開了電視新聞媒體，轉往其他媒體發展。有的人換了很多的工作都不順利，生活愈來愈拮据；但也有人發展得很好，現在成了老闆級人物。比如有《社會追緝令》的記者，在節目結束後進到了台灣電視購物頻道，後來轉往大陸二、三線城市，去幫助這些城市創建電視購物頻道。由於他進入大陸市場較早，因此經營得相當不錯，後來還做到了總經理級職位，當然也賺到了不少錢！還有一對《社會追緝令》的夫妻檔記者，在節目結束後，到夜市擺攤賣「每件十元起」的燒烤食物。我們經常開玩笑說，這對夫妻當年常常拿著麥克風、扛著攝影機去突擊採訪違規的攤販路霸，現在自己也成了攤販，可能是「現世報」！不過夫妻倆生意愈做愈大，後來也成立了北台灣最大的豬血糕工廠，兩人已經變成了大型連鎖店的供貨老闆！另外，還有一個女記者更為奇特，當年她因為採訪了一些刑案專題，對於警方破案實錄深感興趣，於是後來她去報考中央警官學校的研究所，幾年後，成為第一個電視記者出身的女警官，現在任職於刑事警察局。

我們可以這樣假設，如果當年《社會追緝令》節目沒有因為主持人出事被收掉，這些當時的記者也沒有離開電視節目的採訪工作，那麼今天他們還能有這些成就嗎？所以，該怎麼評估「電視記者」這個職業呢？那就是一個勞動和待命時間長、壓力大但又不可能會賺大錢的工作！電視記者看似在鏡頭前光鮮亮麗，但實則內心有相當的不安全感！他們在各個電視台之間逐水草而居，尋求自己可以安身立命的一塊綠洲。有些人苦熬多年成了記者們的主管；而有些人則選擇淡出媒體，自行創業或到了民間企業工作，「電視記者」只是他們人生中的一段經歷！人生無法重來，離開電視新聞媒體後，可能是禍、但更有可能是福，端賴自己如何做出選擇！

我之所以會去唸博士班，其實也有一部分是出於自身的不安全感。因為，如果有一天我離開了電視新聞媒體，我不知道我還能幹嘛？拿到博士學位後，也許有一天，我即使不在這個職位，也能兼點課養活自己。我曾經想過，如果有一天我要自己創業，那我要開一家二手貨、再生傢俱專賣店！因為我常在路邊看到許多還不錯的傢俱和電器被扔掉，這些東西其實稍加修理就能再使用，但現代人懶得修理，大多選擇直接丟棄。如果我能在自己住家附近，買下一個不算太貴的店面，再僱用一流的維修電器和傢俱高手，那我就要去當二手商店的老闆！但也許，這個想法永遠也不會實現！

我的前半生，從無到有，從駐地記者到博士總監，都是新聞工作賜予我的！雖然我沒有大富大貴，也當不成大老闆，但我熱愛我的工作，過去是這樣，未來也會是如此！或許有一天，我會真的離開新聞第一線，去培育更多能在新聞現場衝鋒陷陣的後起之秀。如果是這樣，那也算是「新聞延長賽」，我並沒有真正離開新聞界，況且，我隨時還能再回到新聞第一線。因為，新聞工作就是我一生的志業，只要還有熱誠、只要還有能力，就沒有放棄的道理！

32 上班與教書

二〇一〇年我在世新大學拿到碩士學位之後，就開始了一共四年、八個學期的兼任講師生涯。由於上班的緣故，我只能在每一週的星期五請假半天，去兼一次二小時的課，但即便一週只上課二小時，我還是覺得，在大學當老師真的是比跑新聞或當新聞主管累多了！每週五，當我中午上完課回到辦公室，我都覺得累到快虛脫，好像一整天的精、氣、神都被抽走了！或許是我還不了解，在上課之中如何調配、運用自己的體力和精力，以至於在二小時的課程中，把我一整天的「電池」都幾乎消耗殆盡！

二〇一四年，我考上世新大學傳播博士班，開始身兼三種身分的工作：媒體主管、兼任講師和學生。在博士班的課程中，以第一年的課業壓力最大，有看不完的課程資料、必須翻譯的英文論文和腦細胞一次死很多的課程導讀。有時我必須在上班空檔，偷偷的準備課程資料，好幾次被主管當場發現，我自己也很不好意思！幸好那一陣子負責的新聞和節目時段收視率維持得還不錯，不然我真的有可能必須面臨「工作和唸博二選一」的困境。三種身分的轉換，讓我身心俱疲，因此我在撐完博士班第一學期後，不得已辭掉了兼任講師的工作，專心把「讀博士班」和「當媒體主管」這二件事情做好。雖然當兼任講師只有短短四年，不過對我個人的工作還是挺有幫助的，至少可以比較知道，現在的年輕人在想什麼？

對於「電視台員工」和「學校學生」，我在相處態度和表現要求上，其實還是大不相同的。因為在一個新聞台，不管是即時新聞或新聞性節目，對於品質控管和收視率表現，都必須有相當程度的要求，稍有差錯，可能後果會很嚴重。因此在電視台，我的要求相對嚴格，有時候接近於嚴厲，有些記者平時甚至不太敢來和我說話。但在學校，學生只是一群涉世未深的小孩，他們對於新聞工作懷抱非常多的想像和憧憬，但對於電視新聞製作卻完全沒有概念。如果我用電視台的標準去要求學生，雖然願意學習的學生會進步神速，但大多數學生可能都會嚇到退選。所以對於學生在新聞實作上要求，該把標準降到什麼地步，我一度也很難拿捏。

基本上，在上班和上課之間，我必須有二種心情轉換。電視台：嚴格、嚴厲；學校：親切、輕鬆。在電視台，因為幾乎每天和員工都要見面，所以他們的工作成效和作品品質，可以得到比較好的控管；但在學校，因為課程一週只有一次，加上許多學生不是每週都會來上課，在這樣斷斷續續的實作課程中，我也蠻懷疑它的成效有多少。果然，有些學生的期末作品真是慘不忍睹！上課中說過，新聞寫作和剪輯不能犯的明顯錯誤，這些作品一樣也沒少。有些學生可能預期自己會被當掉，就會在作品中，夾帶一張可憐兮兮的「求饒信」，承認自己不認真、不努力、不上課、不請假，請老師能再給他一次機會。這個時候，你要把他們當了，有時也於心不忍；不當掉，又無法給這些打混摸魚的學生當頭棒喝，於是在下分數時，又是一種兩難！

其實，新聞工作場域的壓力和主管要求之嚴格，在學校裡是完全體會不出來的。如果我們在學校，讓學生以嬉笑和漫不經心的態度來學習新聞製作，固然每個學生會笑逐顏開，覺得新聞工作「很好玩」！但事實上，新聞台絕對是嚴肅、緊張、高壓力、要求超多的地方，它一點也「不好玩」！只是，當你打算用模擬或接近於真實新聞職場的要求，來讓學生體會新聞戰場的嚴苛考驗時，有幾個學生能接受呢？另外，教師評鑑制度，有時候也讓大學兼任教師感到受傷或難以適從。比如，我剛當講師的時候，有學生反映我上課太嚴肅，教材也比較沒有變化。於是乎，我就開始訓練自己講課時的搞笑功力，並且讓教材和實作課程多元化、活潑化，但後來又有學生在教學評語中寫說：「老師上課太過花俏！」那到底是要我嚴肅、認真一點，還是要我搞笑、花俏一點呢？對於這些評語和評鑑，有些兼任老師會覺得玻璃心碎了一地，我雖然也很在乎學生對我的教學評語和評鑑分數，但只要大部分學生覺得滿意就好了，教學工作畢竟無法盡如每個學生的意！不過，每學期也都會出現少數幾個學習特別認真的學生，有些學生的作品品質甚至不輸給線上記者。每次看到這些優秀的學生和作品，我總是高興不已，也樂於給他們接近滿分的分數！

老師和學生之間，其實是一種緣份，有些曾經上過我課的學生，現在都已是各新聞台表現傑出的記者和主播，有時候在工作場合或市區街道碰面，他們還願意叫我一聲老師（雖然我大都不記得學生叫什麼名字），我會覺得十分高興、與有榮焉！但有少部分學生畢業後，在新聞工作場合偶遇，你明明知道你有教過他，而他也知道有上過你的課，但他就是裝做不認識！這個時候，我也不會覺得心寒，只是當做彼此沒有緣份！因為我在媒體界工作這麼多年，也累積一些人脈，如果已畢業的學生願意叫我一聲老師，和我說說他現在是在什麼媒體、什麼部門工作，也許機緣巧合，我還能幫得上他一點忙，至少看看有沒有認識的人可以多照顧他們。但如果學生假裝不認識我，我也就只能當做不認得這個人了！

世新大學「記者龍」課程，指導學生播報及SNG連線。

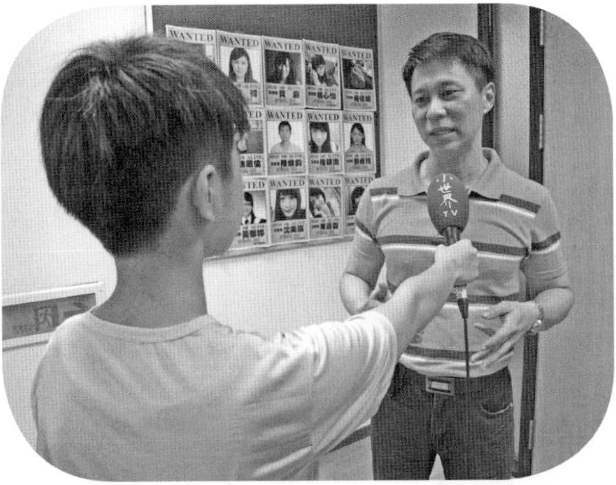

從採訪者變成「被採訪者」，感覺很奇妙！

33 記者和他的主管

電視新聞媒體記者流動頻繁，有些是為了想要加薪跳槽，有些是因為對於環境不適應，不過我認為最大的因素，可能還是跟他的直屬主管最有關聯性！這些主管，應非採訪中心主任以上、階級較高的人，而是直接管轄記者的召集人、組長或節目製作人。除非特殊情況，否則通常新聞組織內位階較高的主管，不會去直接調派記者採訪特定新聞，而是透過基層主管去傳達給記者，高階長官對於特定新聞採訪與處理的意向。這時候，基層主管扮演的是「採訪記者」和「高階主管」之間的溝通橋梁。但如果這個溝通者他本身不是很適任或者經常性的情緒控管不佳，在溝通過程中，會造成部分記者自覺受挫折、受委屈，那麼這些記者可能會開始考慮離職，嚴重的話，就會造成我前面所說的「倒組」現象！

彭著博士論文寫作的訪談過程中，我也對於現今電視新聞場域所浮現的問題進行了解和記錄，在一一梳理之後，我個人覺得電視新聞媒體的基層主管，潛藏著很大的問題！大多數基層主管是由資深（或資淺）的記者直接升任。這些基層主管，可能在當記者時，新聞作品表現優異，不過當他們晉升為主管之後，工作重點就不再只是新聞內容和品質的監控，更重要的是，對上和對下的「雙向溝通能力」。問題就出在於，許多基層主管是不擅於溝通的，甚至完全沒有機會學習如何溝通。當記者的表現不佳或新聞出了差錯，高層主管會責罵基層主管，沒有盡到指導和溝通的責任，而有些基層主管會把被責罵的怒氣轉嫁到記者身上，甚至把疏失責任完全推到記者身上，讓記者暗地痛罵主管「沒肩膀！」、「欺善怕惡！」。在博論訪談過程中，曾有一位記者抱怨，因為一次新聞處理沒有順著基層主管的意思走，所以他就開始被主管挾怨報復，經常在工作上被刁難，逼得他後來不得不離職！有些記者也提到，曾目睹基層主管和中階主管，在新聞調度、呈現方式上彼此理念衝突、相互叫囂，有時候甚至在辦公室內大打出手，把整個新聞部弄得像火藥庫一樣！

但話說回來，電視新聞媒體的基層主管，其實也是個很辛苦又可憐的工作！有受訪的基層主管說，部分組內記者的工作能力和態度都不佳，每天早上報的都是些爛稿，為了要在採訪會議中端出像樣的稿單來，基層主管必須在前一晚，幫記者找新聞找到深夜，這樣隔天上午他/她才能給總編輯一些像樣的稿單。有的記者連基本的稿子都寫不好，基層主管必須耐著性子，幫記者進行大修改，這些記者非但不感謝他們，還動不動就請假或抱怨主管找他們麻煩。所以，基層主管對上，要承受他的主管對於新聞數量、新聞品質和收視率表現的要求；而對下要承受的是，組內記者找不到新聞、新聞寫得很爛、時常請假、新聞處理出差錯、記者之間抱怨資源分配不公或勾心鬥角的不愉快……。基層主管就像個壓力鍋，不斷承受來自上、下級的指責、抱怨、奚落、衝突，有一天這個壓力鍋勢必會爆炸開來！這時候，基層主管能選擇的，就是吞下委屈、繼續目前的工作；或者他們默默收拾家當，離開這個工作環境！

從擔任駐地記者到現在，我嘗試過每一個階段的電視媒體工作和職位，而今想起來，我覺得記憶最深刻、最快樂的那段時間，是在自己當外勤記者的時候！在新聞界，常常聽到的一句話是「在外一條龍、回公司變一條蟲！」基本上，記者這個工作，大多會受到採訪單位的禮遇或尊重，尤其許多耕耘已久的資深記者，在自己熟悉的採訪單位更是走路有風！作為一個基層記者，只要跑好新聞，讓電視台時常有不錯的獨家新聞可以播出，除了電視台內同儕的競爭壓力之外，比較沒有什麼事情可以讓自己煩惱。但是，只要晉升到了主管階級，不論是基層主管或中、高階主管，隨之而來的，是每天非常多的行政事務和繁雜的事情要處理；更艱難的是，必須處理「人事」問題！比如：記者指控記者、記者指控主管、主管指控記者、職務調動、情緒安撫、排班休假、年終考績、淘汰晉用……等等。基層主管為了新聞供稿，每天已焦頭爛額，還要處理記者之間磨擦和爭鬥問題，常常讓他感到身心俱疲，情緒管控自然也不會很好。在這樣的電視媒體環境中，不論是記者或是基層主管，都是惡性循環的一種「大輪迴」！人，走了一個可以再補一個、走了一批可以再補一批，但外界對於新聞品質低落的批評始終沒有停過，而電視新聞媒體大環境，實際上也沒有多少改變，這樣的發展著實讓人十分憂心！

我也在博士論文中點出了電視媒體的惡性循環關鍵因素：

1. 新進記者沒有經過嚴格訓練，基礎沒紮穩，就立刻被推上戰場打仗。
2. 記者太過依靠網路即時新聞和爆料社群，沒有太多在採訪線上挖掘新聞的能力。
3. 主管替記者在網路上找好了新聞，記者只是把它照主管的要求將畫面組裝起來，很少有自己的觀點陳述。
4. 電視新聞媒體，訓練的大多是「聽話的記者」，很少真正培養出「有獨特觀察能力、具創意和批判能力的記者」。
5. 新聞主管沒有抒發負面情緒的管道，只有過勞工作和新聞播出壓力的不斷日積月累，這種負面情緒常會轉嫁到記者身上。
6. 電視新聞投資在深度報導和調查報導的比例愈來愈少，長此以往，會造成電視新聞愈來愈淺碟化、速食化，而沒有提供給閱聽眾可以深度思考的內容空間。

近來年，電視媒體面臨新媒體崛起競爭分食廣告量的壓力，許多網路媒體，在深度報導和調查報導上，反而表現得更加有聲有色。同時，新媒體也在行動載具上，秀出各種變化多端的新聞內容形式，吸引這一代年輕人的眼球。而電視新聞，則被譏為是「做給老人看的！」新媒體的蓬勃發展，也映照出傳統電子媒體的暮氣沉沉。這情景，彷彿回到一九九〇年代，我剛踏進新聞職場時，新興衛星新聞台被視為是「新媒體」，而三家無線電視台則逐漸被人稱為「老三台」！如今，電視新聞被統稱為「舊媒體」，而網路和行動載具上的內容，則被稱之為「新媒體」；許多「舊媒體」的記者和工作人員，也開始大量往新媒體領域移動。只是，這一場台灣新聞史上的大遷移活動，是預言電視「舊媒體」的緩慢崩解？或者反映的只是另一群媒體移民找到了一座新金山？未來，電視媒體和新媒體，會各自擁有一片天，各有各的支持者，還是新媒體會完全取代電視媒體？我想目前可能下定論仍言之過早，關鍵在於，在新媒體大軍壓境之下，電視媒體究竟如何才能找到未來的生存之道！

34 在農耕隊拼外交的父親

小時候，我對於父親的記憶大多是空白，因為他有八年的時間是在非洲和中南美洲友邦當農耕隊員。我唯一還存在的影像，是我唸小學一、二年級時，我照著母親在燈下的口述，用注音符號夾雜國字寫家書給遠在非洲父親的情景。一九六〇年代，當時台灣公務員的月薪大概八百元，要照顧一個家庭可說是捉襟見肘。而主要由外交部支付薪水的農耕隊員，當時領的月薪是美金二百元，以那時的匯率一比四十計，就是台幣八千元，是公務員的十倍之多。一個家庭若有一個人當農耕隊員，就等同是十個公務員同時在上班賺錢一樣，對於當年由祖父和祖母撐起的傳統大家庭來說，有經濟上實質的幫助。不過，領高薪是必須付出代價的！當年他們拋家棄子，到遠在千里外的非洲國家工作，當地生活條件極差不說，還得長期忍受思鄉之苦，因為農耕隊員必須在非洲待滿二年，才能返回台灣省親一次。

回顧台灣的農耕隊，必須從一九六〇年代說起。一九六〇年有十七個新國家加入聯合國，其中有十六個來自非洲，而這些非洲新獨立國家，就成為中華民國爭取外交支持的重要目標。不過，這些新進聯合國的非洲國家，大多是支持中華人民共和國。而中華民國在當時雖是聯合國常任理事國，但是卻不斷遭到中共猛挖牆角。美國於是在聯合國提出「重要問題」議案，也就是將任何改變中國代表權提案皆視為「重要問題」，而「重要問題」的決議，需有超過三分之二多數表決才能生效。從一九六一年至一九七〇年，「重要問題」議案成為台灣和中共爭奪聯合國代表權的前哨戰。為了穩住中華民國在聯合國的代表權，一九六一年台灣經濟部成立「農技團」，並且開始招考農耕隊員，目標是「外交下鄉，農業出洋」。農耕隊的主要任務是協助非洲友邦國家發展農業，但真正的目的其實是「穩定外交」，所以農耕隊員薪水，主要是由外交部支付。

農委會網站上有一篇由技監王明來所撰的《台灣農業援外的成效與前景》報告[1]，其中有一句很重要的話寫道：「很多友邦的元首、政要均與我農技人員有密切的情誼，而這些就是外交的保障。」父親說，這是事實！他經常向我說一個故事，也就是他在剛果共和國當農耕隊員時期，所親身經歷的一段「以農業促進外交」的成功案例。我相信這個經歷，也是他此生的驕傲！以下以第一人稱來敘述這段過程：

> 我是許添喜，身爲農耕隊員的使命是：提供農業技術，協助非洲友邦，並且鞏固外交工作。一九六六年我開始派駐剛果民主共和國，主要是在總統莫布度（亦翻譯爲「蒙博托」）的農場工作，協助他們種植和培育西瓜，當年在總統農場栽種的西瓜，可說是昂貴珍品。有一天，中非共和國總統博卡薩到剛果共和國訪問，那時，中華民國和中非共和國尚無邦交，台灣駐剛果大使館官方人員不方便出面請求博卡薩總統在聯合國支持我們，外交部便以

【1】 https://www.coa.gov.tw/ws.php?id=10331

越洋電話要求駐剛果大使丁懋時，要派駐在當地的農耕隊員利用機會接近博卡薩總統，請他務必在今年的聯合國大會中投中華民國一票。剛好那時剛果總統府也通知我們說，博卡薩總統明天要到莫布度的總統農場參觀，看一看台灣農耕隊協助栽種的西瓜成效如何，於是我趕忙在二位總統到達前一天，先在農場裡挑選一顆長得又大又美的西瓜，並暗中做了記號。

隔天，博卡薩總統果然到了農場來看西瓜，他看到西瓜園結實累累，十分興奮，於是用隨身拐杖到處敲打西瓜，想敲看看那一顆西瓜長得最好。我就跑上前去說：「總統好，我來幫您挑西瓜！」於是，我就把暗中做好記號的那顆大西瓜採下來，並且抱到博卡薩總統面前，當場剖開給他看。這顆大西瓜果然果肉又紅又甜！我把它切成幾塊，先拿了一塊給博卡薩總統試吃，博卡薩邊吃邊滿意的點頭稱讚說：「好吃！好吃！眞好吃！」他吃得十分高興，我見機不可失，立刻趨前到博卡薩旁邊說話：「報告總統！聯合國大會快要開了，今年投票中國代表權時，可不可以支持我們中華民國一票，非常謝謝您啊！」博卡薩吃西瓜正吃得開心，所以他就點點頭對我說：「沒問題！沒問題！」後來，在那一年的聯合國大會中，博卡薩總統還眞的實踐了諾言，投了中華民國一票，「農業即外交」，我眞的做到了！沒多久，外交部來了公文敘獎，我從農耕隊員升為小組長，並且也獲得加薪！丁懋時大使從那時起，就封我一個「西瓜大王」的綽號！

事情經過好幾十年了，我也早已退休了，後來每次我們農耕隊員聚餐，丁懋時一看到我，都會叫住我說「西瓜大王，你來啦！」。而我們這些農耕隊員，不管分別多久，當年一起為「外交下鄉，農業出洋」而奮鬥的情誼，永遠都在！

不過遺憾的是，包括父親在內的這群農耕隊員，在他們回國之後轉任其他政府部門的公務人員，但他們先前在非洲或中南美洲為國拼外交這幾年的年資，都不被轉任單位承認，所以年資也就重新歸零，退休金少領好幾十萬。雖然這些退休農耕隊員不斷透過管道爭取，也有立委熱心協助，但政府相關單位每年都以「沒有編列經費」為由推託不肯解決，甚至各個部會互踢皮球。否定年資，就是否定當年這些農耕隊員對於國家的貢獻，實在令人遺憾！

身爲農耕隊員的家父（左二）到當年的非洲友邦剛果共和國，教當地農民種植西瓜，那時的西瓜是非洲的珍品，價值非凡。

剛果共和國總統蒙博托（中）視察新式農耕耘機，左二爲擔任農耕隊員的家父。

附錄

《社會追緝令》節目的崛起與爭議

說明：

附錄的內容，節錄及改寫自許志明（二〇一〇）碩士論文《天使與魔鬼的糾纏——社會追緝令節目產製、規範與文本分析》，內文所出現之匿名受訪者，為當時接受論文訪談的前《社會追緝令》文字記者及攝影記者。

壹、王育誠和《社會秘密檔案》

一九九四年七月四日，中視在深夜推出一系列帶狀新聞性節目，週一是《風雲人物》，週二是《社會秘密檔案》，週三是《中國大陸內幕》，週四播出《縱橫天下》。該系列帶狀節目以短打模式，每次播出半小時。曾任中視《六十分鐘》製作人、現為傳播學者的張煦華（一九九六：八二）指出：「《社會秘密檔案》是新任總經理（按：指朱宗軻）創意要求下的產物，也是此一帶狀新聞性節目中，觀衆收視最多的節目。《社會秘密檔案》多以本地監獄、黑社會、竊盜、色情場所犯罪、治罪、犯道德或反道德為主，整體而言，確實比以前的節目有創意及有看頭。」《社會秘密檔案》節目，主持人是中視新聞主跑社會線的文字記者王育誠，這也是國內第一個以挖掘台灣大社會秘辛為主的新聞性節目。聯廣公司調查，該節目一推出，即成為一九九四年國內最受歡迎的電視新聞雜誌節目（聯合報，一九九五、三、二十八：二十二版）。但該節目曾因故一度停播，一九九七年八月五日恢復播出，由原本的半小時延長為一小時。

《社會秘密檔案》節目主持人王育誠，在其著作《王育誠之新聞X檔案——中視社會秘密檔案節目集結》一書中指出，《社會秘密檔案》專門揭發社會黑暗面，並且伸張社會公理、正義，該節目開播三年後，已經由一個沒沒無聞的小節目，晉身為全國最受歡迎的新聞性節目（王育誠，一九九八）。而《社會秘密檔案》的節目型態成功，也為日後的《社會追緝令》節目奠下基石。

貳、從《社會秘密檔案》到《社會追緝令》

一九九七年復播後的《社會秘密檔案》節目，更加強化「感官主義」[1]刺激，因此也吸引更多閱聽眾的注意，收視率始終高居不下。聯廣公司曾針對當時無線台及有線台，共約三十個新聞性節目喜好度的調查結果顯示，中視《社會秘密檔案》，以百分之九點一居冠，其次是TVBS《二〇〇〇全民開講》的百分之八點七，台視《熱線新

[1] 「感官主義」（emotionalism）在學術界有多種解釋，王泰俐（二〇〇四：二十）對「感官主義新聞」的定義是：「用以促進閱聽人娛樂、感動、驚奇或好奇感覺的軟性新聞，訴諸感官刺激或情緒反應甚於理性。」

聞網》百分之二點七排第三（轉引自王育誠，一九九八：一）。《銘報》的報導（二○○○、十二、十三）也指出，中視《社會秘密檔案》節目，是八九學年度大傳、新聞相關科系新生最常收看的無線電視新聞性節目。

曾經擔任《社會秘密檔案》節目執行製作的代號A受訪者認為，該節目的敘事特色及影像呈現方式，其實有不少是王育誠的自創風格。

> 因爲當年台灣的新聞節目，大部分都沒有以社會新聞爲主體，那他做了這個社會新聞，又希望能夠引起閱聽人的注意跟接受，所以他弄了一些，不能講綜藝，他以電影的手法（呈現），因爲在澳洲的時候，他好像有學過這方面電影的東西，所以他講了很多理論。比方說剪接的時候蒙太奇的效果，或是一些比較有說故事的感覺，都是在那個時候奠定的。那我個人覺得，有一部分的風格其實是他自己創造出來的（受訪者A訪談紀錄）。

但《社會秘密檔案》節目，亦曾因為內容及畫面逾越電視尺度，遭到民間監督團體撻伐，以及當時的主管機關——新聞局裁罰。新聞局以少見的嚴厲措詞，指中視《社會秘密檔案》，以新聞節目作為包裝，製作方法失之偏頗，並且搭配之畫面嚴重不妥，播出全裸、裸胸、性器官等特寫鏡頭，內容已嚴重違法，因此，核處罰款一百二十萬元（聯合報，一九九八、十一、二十六：二十六版）。傳播學者張煦華（一九九六：八二—八三）也曾對後期的《社會秘密檔案》節目提出嚴詞批判，他認為該節目內容之驚嚇、屍體、血腥、竊用之畫面，與煽情、聳動的旁白及訪談，似無異於書報攤黑黃畫刊之電視版。恐怕觀衆得到的傳播效果，是驚嚇性、模仿性，大過於警示性、防禦性及改過自新性。

《社會秘密檔案》節目「感官主義」形式的內容呈現，引起了極大爭議。主持人王育誠在其著作《王育誠之新聞X檔案——中視社會秘密檔案節目集結》一書的序言中提到：「澳洲電視記者的新聞模式，曾讓我成為國內保守派教授們上課批判、鬥爭的最佳教材，原因是，我那一針見血的播報方式、寫實派的作風，引起他們廣泛的討論，我曾在他們的『炮轟』下受挫。」（王育誠，一九九八：四）

一九九七年十一月十八日，白曉燕案主嫌陳進興，潛入天母南非武官卓懋祺官邸中挾持人質，擔任採訪記者的王育誠，曾以電話打進卓懋祺官邸質問：「陳進興你會自殺嗎？」「如果你要自殺會在何時、何種情況下自殺？」這段新聞即時連線播出之後，引起輿論撻伐，媒體抨擊王育誠這樣的問話，會刺激受困的陳進興採取激烈或極端的報復手段，危及人質的生命安全，警方並呼籲媒體記者，勿再以言語刺激陳進興（聯合報，一九七、十一、二十六：二十六版）。陳進興採訪風波後，王育誠向中視請辭主播職務，但被中視總經理江奉琪慰留。王育誠事後也在其著作中，提出對此次事件的個人看法：「這一針見血的問題嚇壞了全國觀眾……冷靜承受的我，依然堅定地認為『我沒有錯！』，我只是問了一個大家想知道卻不敢問的問題。」（王育誠，一九九八：七）

二〇〇〇年八月，中視新聞部將王育誠升任為採訪中心副主任，並由他領導「直擊大隊」，打算深入社會各階層，製作兼具現場性和深度性的專題報導，王育誠同時卸下夜線新聞主播職務（聯合報，二〇〇〇、八、七：二十八版）。但同一時間，有線電視前景看好，並且鎖定無線電視人才高薪挖角，許多無線電視記者及主播紛紛轉戰有線電視。曾任中視總經理的朱宗軻（轉引自劉英欽，一九九九：一三七）指出，有線電視興起對無線電視台產生的衝擊，呈現在三大方面：一是節目，有線電視台片源多、片源新，老三台如何比得上。二是業務，有線電視瓜分以往三台壟斷的廣告大餅。三是人才，三台的人才老化，有線電視卻是不斷吸收年輕、專業、有活力、觀念新的人才，三台的競爭力自然被削弱。王育誠在中視新聞部時期，有不錯的成績表現，但一九九七年發生的陳進興採訪風波，讓他受到輿論指責，一度萌生去意，不過他也因此成為全國知名的媒體人物。由於王育誠在中視總經理朱宗軻任內受到重用，因此一九九八年朱宗軻任職東森電視總經理後，即準備對王育誠展開挖角行動。

二〇〇〇年九月，因應「東森新聞S台」開播，王育誠終於答應帶領子弟兵投效東森電視，擔任該台副理，並開闢新節目《社會追緝令》，亦由王育誠擔任主持人。《社會追緝令》以原《社會秘密檔案》記者為班底，並廣招好手加入，擴大採訪戰線，挖掘更多大社會故事（聯合報，二〇〇〇、十、九：二十七版）。

我覺得那是一個機會，當年的中視，其實三台還是壟斷的時候，發展還是很好的，但是當有一些人已經先離開了，在外面做得也很不錯，那他當時是有擔任中視採訪中心的副主任，（不過）有成立新的頻道，他覺得舞台更大、機會更多，所以他當時做了一個轉換跑道的選擇。由後面來看，其實這個決定也是對的，本來新聞人就是需要更大的舞台（受訪者A訪談紀錄）。

二〇〇〇年十月十六日，《社會追緝令》節目於「東森新聞S台」正式開播，成為該台週一至週日均播出的帶狀節目（週六、日為重播）。《銘報》的調查發現，《社會追緝令》節目是九十及九十一學年度，大專傳播科系新生最常收看的有線電視新聞性節目（銘報新聞，二〇〇一、十二、五；二〇〇二、十二、二十四）。

《社會追緝令》比較不一樣的就是，它比較循著動態的模式，這是王育誠他自己所主導的方案，他覺得這個模式比較能吸引觀眾，不會讓觀眾看起來沉悶，他覺得「動」的方式比較有收視率。比如說，我拍一個鏡頭，一般新聞節目就是定cut（鏡頭），但是《社會追緝令》不是，它一定要動！它甚至是都不上腳架的，就是用手拍，然後去呈現整個畫面的內容（受訪者B訪談紀錄）。

它會去找比較有衝突性的、觀眾比較想知道的、比一般新聞還要吸引普羅大眾的，那它不見得是跟大眾有關係的這種公益的題材，它只要是大家有興趣去了解的，然後具有一定的懸疑性，我們講節目名字叫「追緝令」嘛，它有一定祕密值得追緝的，我們都會去做（受訪者A訪談紀錄）。

王育誠自一九九二年進入中視，至二〇〇〇年跳槽東森電視，這八年時間，正好是無線電視由盛轉衰的重要關鍵期。一九九四年有線電視普及率突破六成，無線三台必須製播更多元類型節目應戰有線電視，《社會秘密檔案》應運而生。二〇〇〇年有線電視的廣告總收入，首度超越了無線電視，中視新聞部器重的王育誠，在此時帶領著班底，投靠有線電視「東森新聞S台」，並製播《社會追緝令》節目，這也顯示三家無線電視台人才正不斷流失。而有線電視則是匯聚年輕的媒體工作者，並且提供更大的創意和發揮空間，雙方一盛一衰，已可預見。一九九一年至二〇〇〇年，王育誠和中視新聞部大事紀如表一：

表一：中視新聞部大事紀

時間	王育誠與中視新聞部大事紀
1991	·《中視晚間新聞》與《中視全球報導》合併為《中視新聞全球報導》。
1992	·王育誠進入中視，主跑社會新聞。 ·《超越九十》節目開播。
1993	·《超越九十》節目改以現場播出。
1994	·中視推出「整點新聞」。 ·《社會秘密檔案》節目開播。
1995	·王育誠與姜玲雙主播「夜線新聞」。 ·王育誠以「毒之鄉—雲南行」獲金鐘獎新聞採訪獎。
1996	·鄭淑敏和江奉琪分別出任董事長和總經理。 ·王育誠獲第廿二屆曾虛白新聞獎。
1997	·中視導入CIS（企業識別系統）。 ·王育誠因採訪陳進興風波請辭被慰留。
1998	·中視第二大樓啓用。 ·行政院新聞局通函電視頻道，不能使用針孔攝影機製作節目。
1999	·中視股票掛牌上市。 ·王育誠獲全國文藝新聞類獎章。
2000	·王育誠調升採訪中心副主任，不久跳槽東森電視，《社會追緝令》節目於同年十月開播。

（資料來源：本書作者整理）

《社會追緝令》節目因違反普級尺度，多次遭到行政院新聞局裁罰和民間監督團體抨擊，但該節目也因關心勞工權益和揭發犯罪，而獲政府單位頒獎表揚，同時「突擊系列」【2】更引起政府單位高度重視，其節目具有高度爭議性和話題性，也在當時創造了極高的知名度。

【2】「社會追緝令」節目經常見到的，有二種採訪模式，即爲「突擊式採訪」（Assault-style interview）及「纏擾式採訪」（Stalking-style interview）。「香港電台製播準則」將「突擊式採訪」稱之爲「攔途突擊式採訪」，其定義如下：「在新聞採訪中，有時記者需要未經預約便在公眾地方，或有時在私人物業內，當面質詢和攝錄一個目標受訪者，這稱爲攔途突擊式採訪。」此種採訪新聞模式，在現今電視新聞中亦十分常見。

參、《社會追緝令》裁罰及批判

一、裁罰

依新聞局公告之「東森新聞S台」節目核處記錄顯示，自一九九九年「東森育樂台」（東森新聞S台前身）時期至二〇〇五年六月，《社會追緝令》節目共有七次遭行政院新聞局裁罰，罰款金額總計二百七十八萬元。裁罰內容若以節目類型區分，有五次是與情色內容有關，有二次是與靈異內容有關，遭裁罰理由均為違反節目分級辦法。若以裁罰時間來作區分，二〇〇〇年《社會追緝令》節目開播當月（十月），即遭新聞局第一次裁罰，另在二〇〇一年、二〇〇五年各有一次裁罰紀錄；二〇〇二、二〇〇四各年有二次裁罰紀錄。詳如表二：

表二：《社會追緝令》節目七次裁罰記錄

播出時間	裁罰金額	違反法令	事由
2000.10.29	35萬	違反節目分級	播出各式屍體解剖畫面妨害兒童身心
2001.01.18	68萬	違反節目分級	「辣妹飆鋼管集訓」單元逾越普級
2002.01.03	35萬	違反節目分級	「花車三朵花」單元特寫脫衣逾越普級
2002.10.29	35萬	違反節目分級	九九神功吊功前之揉拍等準備動作逾越普級
2004.08.31	35萬	違反節目分級	播出猛鬼醫院陰風怒號，情節玄奇詭異逾越普級
2004.11.02	35萬	違反節目分級	播出情色十八招重現江湖，猥褻動作畫面逾越普級
2005.02.14	35萬	違反節目分級	報導魔術春酒、播出鋼管豔舞等鏡頭逾越普級

二〇〇〇年七月三十一日，東森新聞S台遭到行政院新聞局撤照，當時的新聞局長姚文智向媒體表示：東森新聞S台過去核定處罰紀錄名列第三，而且「變本加厲」，光是該台由政治人物主持的《社會追緝令》，「假正義之名，行擅色腥之實，搞什麼辣妹鋼管、九九神功，就被罰多達二十三次（聯合晚報，二〇〇五年八、一：三版）。由姚文智的談話中可得知，《社會追

緝令》節目與東森新聞S台的被撤照，雙方具有絕對的關聯性。而新聞局在當年八月一日的記者會中，也提到東森新聞S台核處紀錄多數是因「羶色腥」，尤其《社會追緝令》多半的核處紀錄都是如此（中央社，二〇〇五、八、一）。

根據新聞局於二〇〇五年衛星頻道換照時公布之罰款紀錄顯示，罰款排行榜第一名是東森新聞台，計一千零一十五萬元；第二名是三立新聞台，計九百六十七萬元；東森新聞S台則是第三名，計七百五十五點五萬元（動腦雜誌，二〇〇五、八）。東森新聞S台二十餘次遭裁罰紀錄中，《社會追緝令》節目共有七次，占總台裁罰比例為百分之二十九點一，為「東森新聞S台」除整點新聞之外，遭裁罰比例最高之單一節目。至於為什麼撤照的電視台，不是裁罰紀錄第一名的東森新聞台，也不是裁罰紀錄第二名的三立新聞台？姚文智的回答是：審查委員會已經「很體貼」了，東森新聞台核處紀錄第一名，被罰款多達一千零一十五萬元，但委員會衡量其產業發展、企業投資、節目內容，並考慮媒體工作者的生計，所以最後是東森S台不予換照。（轉引自聯合晚報，二〇〇五、八、一：三版）。

依上述新聞局記者會內容可推斷，東森新聞S台遭撤照首要因素，是因裁罰次數過多，其次是換照審查委員會「善意考量」，決議讓東森新聞S台成為東森新聞台的「替死鬼」。而東森新聞S台的裁罰紀錄，《社會追緝令》節目就占了三成，加上《社會追緝令》節目「既是政治人物主持，又引發腳尾飯事件」，因此可以據以斷定，《社會追緝令》節目，成為東森新聞S台遭撤照最重要的導火線！

二、批判

《社會追緝令》節目製播期間，因其節目內容頗受爭議，早已成為外部監督團體鎖定批判的目標。二〇〇三年七月二十八日，一場由廣電基金所主辦的「女性新聞的呈現——少女的身體是收視的春藥？」座談會，當時《社會追緝令》節目，就成為與會成員大力抨擊的目標（二〇〇三電視新聞關鍵報告，二〇〇四、五：五四二）。

勵馨基金會執行長紀惠容：

東森《戰警急先鋒》、《社會追緝令》，幾乎每兩、三天就可以看到檳榔西施，而且不斷重播。非常不能忍受的，是他們對少女新聞的鏡頭處理方式，比如說討論檳榔西施的服裝，他們一定是拍各式各樣的服裝，然後非常暴露從大腿開始拍，從她的胸部開始拍。

廣電基金執行長林育卉：

東森《戰警急先鋒》、《社會追緝令》，他們在討論少女，尤其是檳榔西施的問題，卻是從一個比較煽情的角度來處理，我們很遺憾看到這兩個節目的主持人及製作人，好像就是台北市議員王育誠，我覺得他們有空間可以針對這些問題進一步做政策上的探討，但他們卻沒有做。

針對廣電基金的指責，《社會追緝令》主持人王育誠反駁這些監督團體，勿以「放大鏡」抹煞該節目對社會的貢獻。而當時的東森新聞S台經理歐陽劭瑋則對外表示，《戰警急先鋒》與《社會追緝令》播出時已先過濾刪除了大部分可能違反社會善良風俗以及可能觸犯廣電法的鏡頭，播出的內容都是報導新聞真實面所必須呈現的畫面（聯合報，二〇〇三、八、二十三：三版、D4版）。

二〇〇四年十一月十一日，「閱聽人監督媒體聯盟」召開記者會，點名東森新聞S台《社會追緝令》節目內容尺度偏頗，以女體當作收視賣點，粗俗而且不堪入目之情色內容充斥，嚴重危害兒童及少年身心發展並違反社會善良風俗。「閱聽人監督媒體聯盟」要求東森S台及主持人王育誠於一週內公開向社會大衆道歉，並儘速改善節目內容（聯合報，二〇〇四、十一、十二：D2）。

「閱聽人監督媒體聯盟」在記者會中，同時也公布一段側錄《社會追緝令》節目內容的畫面，節目裡介紹及示範酒店行業「十八招」。「閱盟」認為，其報導內容大膽猥褻，令人咋舌，畫面馬賽克也打得太薄。同時該節目在晚間九時許播出，如果再加上重播，對一般觀衆甚或兒童青少年的影響，令人擔憂。「閱盟」除了批判東森S台此罔顧社會道德與責任，並且已向新聞局及內政部兒童局提出檢舉（聯合報，二〇〇四、十一、十二：D2）。二〇〇四年十二月，新聞局即根據「閱盟」側錄《社會追緝令》節目之檢舉內容，裁定《社會追緝令》播出「酒店十八招」違反節目分級，並裁罰三十五萬元。

同時，「台灣媒體觀察教育基金會」所公布的「全民監看電視節目」監看結果，也多次將《社會追緝令》節目列入「劣質節目」。「媒觀」認為，《社會追緝令》追逐真相的手法過於露骨、暴力、血腥、裸露，甚至有誇張之嫌（聯合報，二〇〇三、一、三：二十八）。但東森電視則提出反擊，當時的副總經理馬詠仁認為，《社會追緝令》是一個追求真相的新聞雜誌節目，在追求真相的過程中，可以讓人了解事件真實的一面，說它露骨、誇張，他認為這是不夠專業的說法，他完全不能同意（聯合報，二〇〇三、一、三：二十八；銘報新聞，二〇〇二、三、十一）。

肆、《社會追緝令》的獲獎及爭議

《社會追緝令》節目播出期間，飽受「閱盟」和「廣電基金」等媒體監督團體的批判，但該節目在「發揮媒體影響力」部分，亦同樣受到社會關注。其中包括二〇〇一年九月，《社會追緝令》節目因揭發病死豬屠宰事件，獲農委會頒發「最佳新聞貢獻獎」。二〇〇二年七月，《社會追緝令》節目製播「天生我殘必有用」關懷系列，獲得當時台北市勞工局長鄭村棋頒獎表揚。二〇〇四年東森新聞S台《社會追緝令》以「總統槍擊案特別報導」，入圍亞洲電視大獎。不過在另一方面，《社會追緝令》節目的「突擊系列」及「投訴熱線—為民出氣系列」，因為採用「突擊式採訪」（Assault-style interview）及「纏擾式採訪」（Stalking-style interview），亦同樣引發爭議。

一、獲獎

(一)突擊私宰及關心流浪動物

《社會追緝令》節目以隱藏式攝影機調查採訪方式，多次揭發病死豬肉屠體買賣及非法屠宰，引起檢調單位重視。調查局新北市調查站曾派調查員，至東森電視檢視《社會追緝令》記者所拍攝，有關病死豬屠體可能流出市面畫面；調查單位也根據《社會追緝令》節目提供的線索，展開對於販售病死豬的案情偵查（聯合報，二〇〇〇、十、二十四：二十六版）。

不過此類調查報導具有一定危險性！二〇〇〇年十月十七日聯合報報導：《社會追

組令》兩名記者李ｘｘ、呂ｘｘ（隱藏其名）化身採訪，喬裝成屠夫潛入新北市一處合法屠宰場，以隱藏式攝影機完全錄下該屠宰場非法行為，他們還到另一處非法屠宰場採訪，結果被識破後慘遭追打（聯合報，二〇〇〇、十、十七：二十六版）。由於持續追蹤報導病死豬屠體流向，《社會追緝令》節目曾獲農委會頒發「最佳新聞貢獻獎」。當時《聯合報》曾報導，東森《社會追緝令》調查採訪非法屠宰場時，被不肖業者發現，要剁記者腳筋。攝影記者呂ｘｘ（隱其名字）扛著攝影機「逃跑」時摔傷，至今手肘剉傷未癒，但他們都說「值得」，只要社會多一分保護動物的概念就好！（聯合報，二〇〇一、九、九：二十六版）

而時任台北市勞工局長鄭村棋，也於二〇〇二年七月，頒獎表揚《社會追緝令》節目製播關懷弱勢勞工的專題報導「天生我殘必有用」系列。主持人王育誠獲獎時表示：「在製作節目時發現，有不少公、民營機構，寧願繳罰款、也不願僱用殘障勞工，估計因拒絕錄用身心障礙者所累積的罰款一年就將近六十億，這些企業老闆實在太沒愛心了！」（聯合報，二〇〇二、七、三，二十六版）

㈡關懷老人及智障兒系列

《社會追緝令》節目主持人王育誠，在任職中視時期，因報導並關懷弱勢族群、獨居老人，而獲得一九九九年全國文藝新聞類獎章。王育誠在主持東森新聞S台《社會追緝令》節目後，也曾製播一定比例的「老有所養」系列及「突擊教養院」系列，對於關懷獨居老人和智障兒童教養問題，善盡媒體社會責任。

當時《聯合報》報導，《社會追緝令》記者突擊各地無照教養院，揭發肢體殘障與重度智障者在院內悲慘的生活，引起當地社會局重視，立即派員前往了解查看。同時，不少立委也向《社會追緝令》節目索取相關資料，作為向內政部質詢的重點內容（聯合報，二〇〇二、三、十二：十八版）。

二、爭議

㈠受理民眾投訴

《社會追緝令》節目製播「投訴熱線為民出氣」系列單元，並開放民眾投訴傳真專線，經記者實地採訪確認事實後，再會同相關公務單位，為投訴民眾解決問題。某些層面來說，媒體提供民眾「投訴管道」，並提供一定比例的節目內容，作為一般民眾發聲管道，已有部分「媒體社會責任」意義存在。但「投訴熱線」系列，涉及記者是否適宜扮演司法人員角色，以媒體第四權，強勢介入解決民眾紛爭？媒體對「投訴熱線」的執行手法，至今仍有不少適法性及爭議性存在。

二〇〇五年四月六日，《社會追緝令》節目播出「投訴熱線——為民出氣」系列，內容報導：「超級『機車』行、摔壞車還打人，老闆惡質，摔壞車打人」。被指涉之機車行黃姓老闆，認為《社會追緝令》節目報導不實，控告東森電視執行副總、主持人及節目製作人、製播主管、執行製作等十二人，涉犯刑法第三百一十條第二項「加重誹謗罪」（聯合報，二〇〇六、九、二十八：C4版）。二〇〇六年一月，台北地檢署處以東森電視被告十二人不起訴處分。檢察官援引大法官會議釋字第五〇九號，對媒體之「可受公評事務報導權」予以保障。台北地檢署不起訴處分書（九四年度偵字第二一二三六〇號）指出：

> 刑法第三百十一條所稱之以善意發表言論，應從寬解釋，即採「眞正惡

意原則」（Actural Malice）。易言之，媒體言論如無毀損他人名譽之惡念，報導者於報導之前已踐行合理查證及平衡報導之責，確信所報導爲眞實，縱報導內容有欠妥當或事後得知與眞相有所差異，仍應認爲符合上開「善意」之意涵。【3】

黃姓機車行老闆不服台北地檢署不起訴處分，向高院檢察署聲請再議，其陳述理由為：電視節目任意捏造虛偽不實情事，再加以潤飾，誇大評論，塑造自身「正義敢言」形象，每每再以「可受公評之事」、「適當之評論」脫罪，如此囂張行徑……絕非憲法與刑法保護人民「言論自由」與「名譽權」之本旨（高等法院檢察署處分書，九五年度

【3】大法官會議第五百〇九號釋文，有關保障媒體新聞自由之陳述：刑法三百一十條第三項前段以對誹謗之事，能證明其爲眞實者不罰…非謂指摘或傳述誹謗事項之行爲人，必須自行證明其言論內容確屬眞實，始能免於刑責。惟行爲人雖不能證明言論內容爲眞實，但依其所提證據資料，認爲行爲人有相當理由確信其爲眞實者，即不能以誹謗罪之刑責相繩。

上聲議字第六百八十七號）。二〇〇六年四月，高等法院檢察署駁回黃姓機車行老闆再議聲請，其處分書（九五年度上聲議字第六百八十七號）強調，《社會追緝令》節目報導張姓投訴人與黃姓老闆兩人，因機車送修受損而發生互毆是事實，並非該節目捏造虛偽不實報導。同時，《社會追緝令》節目記者於現場採訪時，已對機車行員工及客戶進行查證，以期平衡報導，因此認定該節目報導符合刑法第三百十一條「善意」意涵。另外，高等法院檢察署也認為，該「惡質機車行」單元報導，不論在提醒消費者注意自身權益、商家應提升服務品質，以及消費糾紛之解決方法上，均涉及公益，該報導屬「可受公評之事」，因此處以東森電視被告十二人等不起訴處分（高等法院檢察署處分書，九五年度上聲議字第六百八十七號）。

㈡突擊公務員及警察

《社會追緝令》節目於二〇〇一年十月二十九日，推出「突擊鐵飯碗米蟲現形記」系列，目標鎖定中央政府及全省各縣市政府公務員。該節目先以隱藏式攝影機，拍攝公務人員上班時遲到、早退、溜班、懈怠職務等畫面，然後再由記者持麥克風上前「突擊採訪」公務員，為何不遵守單位上班規定。「突擊鐵飯碗」系列推出後，造成全台灣公務員震撼！雖然該系列單元表現手法有侵害個人隱私權之嫌，但在一定程度內，仍使廣大公務人員有所警惕。

《社會追緝令》節目同一時間推出的，還有「突擊警察系列」，內容鎖定採訪警察人員交通違規、執勤懈怠職務。由於警察是執法人員，而其知法違規畫面，在電視台公開播放，對於警方形象殺傷力甚大。根據《聯合報》報導，《社會追緝令》節目突擊知法違規、懈怠職務員警後，在當時引起社會很大的迴響，台北市、高雄市警方督察單位也全力配合，通令如果被電視台「抓」到的員警，犯重錯者記過處分，輕微者申誡（聯合報，二〇〇一、十、二十二：二十六版）。受訪者A談到當時《社會追緝令》製作「突擊鐵飯碗」及「突擊警察」系列的原始構想：

當時我們做了一些追緝公務員、追緝警察機關，原先你認爲不太能變成新聞的東西，其實它都能變成新聞，只要大家關注這個議題！所以它有一部分打開了新聞的廣度，我覺得這是一個它在媒體界，一個很重要的貢獻，或者說它留下一個很重要的里程碑。就是把新聞的廣度，還有把關注的焦點做一個放大！（受訪者A訪談紀錄）。

《社會追緝令》記者使用「突擊式採訪」，目的在於揭露違規或違法事件。在「突擊採訪」之前，《社會追緝令》記者通常已經跟拍或蒐集到相當的畫面證據，當真正進行「突擊式採訪」之時，反而是結束採訪的最後一道程序，目的在於讓攝影鏡頭捕捉目標人物，被揭露違規或違法時的當下反應。

另一種《社會追緝令》節目經常使用的「纏擾式採訪」，也就是在目標人物不願表達意見或不願意被拍攝的情況下，記者仍不斷強行以貼身採訪、打電話、敲門或跟拍方式纏擾目標人物。以「纏擾」方式進行採訪，目的在強迫目標人物表達意見。不過「纏擾式採訪」有一定風險，除了記者易於遭受目標人物攻擊之外，也必須注意「非請而入民宅」或「不斷跟監騷擾」，皆可能構成刑法「非法入侵私人物業」或「妨害自由」罪責。

㈢節目涉及消費弱勢

《社會追緝令》節目製播的「老有所養」系列及「突擊教養院」系列，雖然關注對於關懷獨居老人和智障兒童教養問題。但王泰俐（二〇〇四）在抽樣《社會追緝令》

節目研究後認為：《社會追緝令》有十分之一的主題報導弱勢族群的感人故事（如孤兒院被拍賣、孤兒流離失所或者老兵無家可歸等等），報導角度以訴諸觀衆同情或感動為主，鮮少觸及這些社會問題的解決之道。也就是說，王泰俐認為，即使是關懷弱勢議題，《社會追緝令》節目仍以「感官主義」手法操作，而非真正提供解決問題方法。

伍、《社會追緝令》的影響

《社會追緝令》節目雖已於二〇〇五年六月八日停播，但東森新聞S台《社會追緝令》加上系出同源的《戰警急先鋒》節目，製播團隊共有四十名工作人員，這些新聞工作者目前有很多仍服務於國內電子媒體。由於《社會追緝令》節目風格強烈，其敘事模式、剪輯邏輯及後製效果的使用，自有其特色，因此至今仍引起其他電視新聞性節目仿傚或沿用：

> 《社會追緝令》前前後後、來來去去的人很多，有些人固定一直在《社會追緝令》裡面，有的人到《社會追緝令》可能環境不適應，但他也有吸收

到一些東西，到各台也都有《社會追緝令》以前的記者在工作，所以做事的模式，多多少少會受影響。（受訪者B訪談紀錄）

它當時作爲這種節目的潮流，有很多後進節目，其實，承先啓後都多少會去模仿、延續這種風格，所以我覺得這個色彩，可以說影響了後面一大批這種同類型的新聞節目。（受訪者A訪談紀錄）

另外，曾在「東森新聞S台」擔任《社會追緝令》節目攝影記者，目前已轉任其他衛星頻道擔任攝影記者及編導的受訪者C、D，也一致認為，過去《社會追緝令》的拍攝及剪輯經驗，的確會影響現在的新聞性節目製作。

因爲這個是一個傳承，像我們《社追》出來的時候，各個友台也有很多相同性質的節目，來參訪我們《社追》的製作模式。相對的，我們《社追》的同仁離開後，也會把《社追》的format帶過去，像一些模擬的畫面，我們離

職的同仁也用同樣的手法帶過去別的節目！（受訪者D記談紀錄）

我覺得有時候還是會看到一些影子！有一些現在的報導可能跟以前《社追》模式有點像，所以他（指：曾任《社追》的記者）把過去既有他學會的東西，套用在現在的節目上，這樣會比較好做。（受訪者C訪談紀錄）

綜觀《社會追緝令》節目之內容，雖引起不少爭議及批判，但其「感官主義式」說故事方式及快節奏影像剪輯風格，仍持續影響現今電視新聞性節目。該節目至少有九種「感官主義」呈現特色，用以吸引閱聽眾，分述如下：

1. 在影像鏡頭策略上，大量使用仰視鏡頭、左右搖鏡及偷拍鏡頭，輔以MTV及光暈效果，造成節目如「萬花筒」般炫目效果。
2. 在後製轉場效果方面，大量使用搭配短音效的「掃白效果」，使節目轉場具有強烈快節奏效果。
3. 後製非轉場效果方面，大量使用疊映直式字幕，輔助觀衆理解報導內容。

4. 聽覺效果方面，長時間使用配樂，以吸引觀衆，並達到集中注意力效果。新聞背景的現場自然音不斷出現，強調新聞臨場感。
5. 大量使用干擾性旁白，增強報導的感官刺激效果。
6. 畫面出現大量裸露女體，鏡頭意圖提供男性觀衆偷窺、意淫及性暗示。
7. 強調節目快節奏，訪問均極為簡短。
8. 強調動態攝影，鏡頭不斷穿梭現場，並變換鏡位，以增強觀衆親臨現場感覺，與傳統新聞攝影強調穩定性與連續性拍攝，有極大差別。
9. 採訪中有時會刻意製造記者與採訪對象的言語或肢體衝突，以使節目內容達到戲劇化效果，藉此刺激收視率的成長。

曾經任職《社會追緝令》節目的離職記者，在轉任其他電視台製作新聞性節目時，可能有意或無意間，會將過去製作《社會追緝令》的部分敘事模式、剪輯邏輯及後製風格，運用於目前製作的新聞性節目中，造成這些節目的影像策略及後製效果呈現與《社會追緝令》「風格近似」。而這些情況的出現，這也算是《社會追緝令》節目影響力的一種延續吧！

參考書目

王育誠（1998）。《王育誠之新聞X檔案——中視社會秘密檔案節目集結》，台北：高霖國際股份有限公司。

王泰俐（2004）。〈電視新聞節目「感官主義」之初探研究〉，《新聞學研究》，81: 1-41。

王泰俐（2006）。〈電視新聞「感官主義」對閱聽人接收新聞的影響〉，《新聞學研究》，86: 91-133。

《中視十年》（1979）。台北：中國電視公司出版部。

劉英欽（1999）。《台灣電視風雲錄》。台北：黎明文化出版公司。

林育卉編（2004）。《二〇〇三電視新聞關鍵報告》。台北：廣電基金。

林育卉編（2004）。《二〇〇四電視新聞關鍵報告》。台北：廣電基金。

張煦華（1996）。《邁向二十一世紀——台灣媒體大剖析》。幼獅文化事業公司，台北市。

舒嘉興（2001）。《新聞卸妝：布爾迪厄新聞場域理論》。台北：桂冠圖書公司。

國家圖書館出版品預行編目資料

媒體裂變：從駐地記者到博士總監／許志明著. -- 初版. -- 臺北市：書泉，2018.11
面； 公分
ISBN 978-986-451-144-0（平裝）

1.許志明 2.新聞記者 3.回憶錄

783.3886 107014224

4917

媒體裂變：從駐地記者到博士總監

作　　者 — 許志明（234.5）
發 行 人 — 楊榮川
總 經 理 — 楊士清
副總編輯 — 陳念祖
責任編輯 — 李敏華
封面設計 — 王麗娟
出 版 者 — 書泉出版社
地　　址：106台北市大安區和平東路二段339號4樓
電　　話：(02)2705-5066　　傳　真：(02)2706-6100
網　　址：http://www.wunan.com.tw
電子郵件：shuchuan@shuchuan.com.tw
劃撥帳號：01303853
戶　　名：書泉出版社

總 經 銷：貿騰發賣股份有限公司
地　　址：23586新北市中和區中正路880號14樓
電　　話：(02)8227-5988　傳　真：(02)8227-5989
網　　址：http://www.namode.com

法律顧問　林勝安律師事務所　林勝安律師

出版日期　2018年11月初版一刷
定　　價　新臺幣300元